MOSAIK STEINE 8

Evangelisches Religionsbuch
für Realschulen

Herausgegeben von
Dr. Hans Bald, Bärbel Kappe, Martin Potoradi

unter Mitarbeit von
Dagmar Becher, Beate Heigel, Heiko Müller,
Renate Seifert-Heckel, Anja Wagner

Birkerstraße 22, 80636 München
www.claudius.de

Rechtschreibreformiert, sofern nicht urheberrechtliche Einwände bestehen.

Gestaltung und Typografie:
Bertram J. Schmidt, Baierbrunn

Druck und Bindung:
Sellier Druck GmbH, Freising

ISBN 978-3-532-70108-9

Vorwort

Liebe Schülerin, lieber Schüler,

»Mosaiksteine 8« ist nun der 4. Band in der Reihe »Mosaiksteine – Evangelisches Religionsbuch für Realschulen«. Wenn du bereits seit der fünften, sechsten oder siebten Klasse mit unseren Büchern arbeitest, weißt du inzwischen, wie sie aufgebaut sind und wie du damit umgehen kannst. Für diejenigen, die den »Mosaiksteinen« zum ersten Mal begegnen, hier einige Hinweise:

»Mosaiksteine 8« enthält, wie die vorangegangenen Bände, fünf Kapitel, in denen unterschiedliche Themen anhand von Texten vielfältiger Art, Bildern unterschiedlicher Gattungen, Liedern und gedanklichen Impulsen behandelt werden. Alles dies lässt sich wie bunte Steine zu einem Gesamtbild des Lebens und Glaubens zusammenfügen. Einem Mosaik entsprechend sind die fünf Kapitel des Buches durch unterschiedliche Farben gekennzeichnet. Daran kannst du erkennen, was inhaltlich zusammengehört.

Im oberen Teil der Buchseite trennt eine waagerechte farbige Linie die Informationsleiste vom Rest der Seite. Diese Leiste bietet dir zusätzliche Hintergrundinformationen, erklärt dir schwierige Begriffe und erleichtert dir somit das Verstehen der Texte und Bilder.

Anregungen zum Verstehen, Hinterfragen und Weiterarbeiten mit den Materialien erhältst du durch die Denk- und Arbeitsanstöße, die mit einem senkrechten farbigen Balken gekennzeichnet sind.

Die letzte Seite jedes Kapitels fasst zusammen, was du kennen, erklären, beurteilen, verstehen und wissen solltest, wenn du das Kapitel im Unterricht und zu Hause bearbeitet hast.

Auf deinem Weg hin zum Erwachsenwerden, auf dem dir neue Erfahrungen, Fragen und Herausforderungen begegnen werden, möchte dich dieses Buch begleiten.

Viel Erfolg und Freude wünschen dir dabei die Herausgeber von »Mosaiksteine 8«.

Hans Bald
Hans Bald

Bärbel Kappe
Bärbel Kappe

Martin Potoradi
Martin Potoradi

Inhalt

Entfernungen spielen in unserer Welt keine Rolle mehr. Fremde Länder können bereist und andersartige Kulturen und Religionen erlebt werden. Aber auch bei uns ist eine Begegnung mit Angehörigen fernöstlicher Religionen selbstverständlich geworden.
Um so wichtiger ist es, über geschichtliche Herkunft, Glaubenslehren und Frömmigkeitspraxis von Hindus und Buddhisten Bescheid zu wissen. Hintergrundwissen und Informationen darüber bietet dieses Kapitel.

In Zeiten, in denen Menschen ihre Heimatländer aus verschiedenen Gründen verlassen, um in anderen Kulturen zu leben, ist es wichtig, sich der eigenen Wurzeln bewusst zu sein, Probleme des Zusammenlebens zu erkennen, nach Lösungen zu suchen und einander zu respektieren. Dieses Kapitel gibt Anregungen dafür.

Ich gestalte meine Beziehungen: Freundschaft, Liebe, Sexualität

In deine Hände

Ich lasse mich fallen,
in deine Hände,
gebe mich dir hin,
vertraue mich dir an
und spüre,
du fühlst meine Seele, lebst meine Sehnsucht
und gibst mir,
was ich dir geben möchte.

Hans Kruppa

Gustav Klimt,
Der Kuss

Freundschaft ist …

Wir sind alle Engel mit nur einem Flügel.
Um fliegen zu können,
müssen wir uns umarmen.

LUCIANO DE CRESCENZO

- Wahre Freundschaft kommt am schönsten zur Geltung, wenn…
- Freunde finden ist leicht, sie behalten ist…
- Wo befreundete Wege zusammenlaufen, da…
- Freundschaft, das sind zwei Herzen, die…
- Freunde verständigen sich nicht, sie…

■ **W**ie könnten die Sätze weitergehen?

Freunde sind wichtig

Freundschaft ist nicht nur ein köstliches Geschenk, sondern auch eine dauernde Aufgabe.

ERNST ZACHARIAS

Freunde sind das Salz in der Suppe.

Freunde, Freundinnen gibt es wie Sand am Meer. Und solche, auf die man immer zählen kann, die Freud und Leid mit jemandem teilen, die gibt es eigentlich sehr selten. Aber wenn man diese Erfahrung machen kann, weiß man, dass geteilte Freude doppelte Freude und geteiltes Leid meist nur halbes Leid ist.

Freunde können einander ohne viele Worte ins Herz sehen. Sie wissen, was einem gut tut, was einem fehlt und was man braucht. Einen solchen Menschen zu haben ist wunderbar.

Freunde helfen einander, zweckfrei und ohne Hintergedanken.

Manchmal kann aus einer Freundschaft von Jungen und Mädchen mehr werden.

Mit Freunden und Freundinnen denken wir gerne an gemeinsame Erlebnisse zurück. Sie geben uns Kraft und Mut. Mit ihnen planen wir gerne die Zukunft.

Zur Freundschaft gehört Geduld. Dazu gehört aber auch der Respekt vor dem anderen und vor seinen eigenen, privaten Dingen.

Ab und zu braucht die Freundschaft aber auch ein offenes Wort. Denn befreundet sein heißt nicht, dass man alles, was der Freund oder die Freundin tut, richtig und gut heißen muss. Die Kritik verursacht manchmal Schmerzen und schmeckt bitter, aber sie ist heilsam.

Gemeinsam mit Freunden und Freundinnen ist man stärker als allein, sowohl in der Freude als auch im Leid, im Spaß und im Ernstfall.

Freunde und Freundinnen gehen mit einem durch dick und dünn. Sie sind das Salz in der Suppe.

Dieser Text enthält viele Aussagen, die du bestimmt durch eigene Gedanken ergänzen kannst.

Das Alte Testament kennt ein Freundespaar, dessen Verbundenheit Grenzen durchbrochen und Leben bewahrt hat, David und Jonathan.

David und Jonathan –
Ein Beispiel für eine Freundschaft

Schon nach wenigen Worten fühlte sich Sauls Sohn Jonathan zu David hingezogen. Er gewann ihn so lieb wie sein eigenes Leben. Saul behielt David von da an bei sich und ließ ihn nicht mehr zu seiner Familie zurückkehren. Jonathan schloss einen Freundschaftsbund mit David. »Du bist mir so lieb wie mein eigenes Leben«, sagte Jonathan zu David. David zog für Saul in den Kampf und bewies eine glückliche Hand bei allem, was dieser ihm auftrug; darum gab ihm der König den Oberbefehl über seine Truppen. Diese Entscheidung fand den Beifall des ganzen Volkes und auch die Leute am Hof Sauls freuten sich darüber.
Als Saul mit dem Heer heimkehrte und zusammen mit ihm David, der seinerzeit den stärksten Mann der Philister erschlagen hatte, zogen Frauen aus ganz Israel König Saul entgegen. Sie tanzten und sangen zum Klang der Harfen und Handpauken und wiederholten jubelnd immer wieder: »Tausend Feinde hat Saul erschlagen, doch zehntausend waren's, die David erschlug!«
Dieses Lied gefiel Saul ganz und gar nicht und er wurde sehr zornig. »David schreiben sie zehntausend zu«, dachte er, »und mir nur tausend! Jetzt fehlt nur noch, dass er König wird!« Von da an blickte Saul mit Argwohn auf David.
Am nächsten Tag begann David wie gewöhnlich auf der Harfe zu spielen. Plötzlich hob Saul den Speer, den er in der Hand hielt, und wollte David an die Wand spießen. Doch David wich ihm zweimal aus.
Da begann Saul sich vor David zu fürchten, denn es war offenkundig: Der Herr hatte Saul verlassen und stand auf der Seite Davids. Darum wollte der König ihn nicht länger in seiner Nähe haben und machte ihn zum Befehlshaber einer Truppe. An ihrer Spitze machte David seine Streifzüge. Alle Unternehmungen führte er erfolgreich aus, denn der Herr stand ihm bei.
Als Saul sah, wie gut David alles gelang, fürchtete er sich noch mehr vor ihm.
Saul sprach zu seinem Sohn Jonathan und zu seinen Offizieren ganz offen darüber, dass er David umbringen wolle. Jonathan aber hatte David lieb gewonnen, deshalb warnte er ihn: »Mein Vater will dich töten. Nimm dich morgen in Acht und halte dich von früh an versteckt. Ich werde mit meinem Vater aufs freie Feld hinausgehen und dort, in der Nähe deines Verstecks, mit ihm über dich sprechen. Ich werde seine Stimmung erkunden und dir dann Bescheid geben.«
Jonathan setzte sich bei seinem Vater für David ein und sagte: »Mein König, vergehe dich nicht an deinem Diener David! Er hat dir doch nichts getan, im Gegenteil: Er hat dir gute Dienste geleistet. Er hat sein Leben aufs Spiel gesetzt, als er gegen Goliat antrat; durch ihn hat der Herr ganz Israel geholfen. Du hast es selber gesehen und dich darüber gefreut. Warum willst du dich jetzt an ihm vergehen und einen Unschuldigen ohne jeden Grund umbringen?«
Saul ließ sich von Jonathan umstimmen und schwor: »So gewiss der Herr lebt: David soll nicht sterben!«
Jonathan rief David zu sich und erzählte ihm alles.

Dann brachte er ihn zu Saul und David stand wieder in Sauls Diensten wie zuvor.
Doch es kam wieder der böse Geist über Saul. Und er ging wieder mit dem Speer auf ihn los. David flüchtete in sein Haus. Und als Saul Männer nach ihm schickte, die ihn umbringen sollten, flüchtete er.
David kam nach einiger Zeit zu Jonathan. »Was habe ich deinem Vater getan?«, fragte er ihn. »Was wirft er mir denn vor, dass er mich umbringen will?«
»Nie und nimmer musst du sterben!«, erwiderte Jonathan.
»Aber dein Vater weiß doch genau, dass ich deine Gunst gewonnen habe«, wandte David ein. »Er will dich schonen, deshalb sagt er dir nichts. So gewiss der Herr lebt und so gewiss du lebst: Ich stehe schon mit einem Fuß im Grab.«
»Was ist dein Wunsch, was kann ich für dich tun?«, fragte Jonathan.
Da sagte David: »Morgen ist Neumondstag, da erwartet der König mich zum Essen an seiner Tafel. Wenn es dir recht ist, will ich fernbleiben und mich bis übermorgen in der Umgebung verstecken. Wenn dein Vater nach mir fragt, dann sag zu ihm: ›David hat mich dringend gebeten, ihn schnell in seine Vaterstadt Bethlehem gehen zu lassen, wo seine gesamte Sippe das jährliche Opferfest feiert.‹ Sagt dein Vater ›Es ist gut‹, so droht mir keine Gefahr. Wenn er aber zornig wird, weißt du, dass er das Schlimmste beschlossen hat. Bitte, tu mir diesen Gefallen!«
Jonathan erwiderte: »Wenn ich merke, dass mein Vater das Schlimmste über dich beschlossen hat, werde ich es dir bestimmt sagen. Ich verspreche dir beim Herrn, dem Gott Israels: Übermorgen um diese Zeit werde ich meinen Vater auf die Probe stellen. Ich bin ganz sicher, dass du nichts zu fürchten hast. Wenn es anders ist, gebe ich dir Nachricht. Der Herr soll mich strafen, wenn ich dich nicht warne! Hat mein Vater wirklich deinen Tod beschlossen, so lasse ich dich gehen, damit du dich in Sicherheit bringen kannst.« Jonathan sagte weiter: »Morgen am Neumondstag wird man dich vermissen, weil dein Platz leer bleibt. Warte bis übermorgen und komm dann schnell herunter an die Stelle, wo du dich schon einmal verborgen hattest, und versteck dich hinter dem Stein. Ich werde Pfeile in deine Richtung abschießen, als ob ich auf ein Ziel treffen wollte. Und nun pass gut auf! Ich werde meinen Diener losschicken mit den Worten: ›Los, suche die Pfeile!‹ Wenn ich ihm dann zurufe: ›Die Pfeile liegen näher bei mir‹, dann kannst du hervorkommen; es steht gut für dich, du bist nicht in Gefahr. Wenn ich dem Jungen aber zurufe: ›Die Pfeile liegen weiter weg‹, dann geh, denn der Herr selbst schickt dich fort.«
[...] Als der Diener weg war, [...] sagte Jonathan: »Vergiss nicht, was wir einander vor dem Herrn geschworen haben. Auch unsere Nachkommen sind daran gebunden für alle Zeiten. Der Herr ist unser Zeuge!«

1. Sam 18–20

Welche Stellen im Text zeugen von wahrer Freundschaft? Was zeichnet wahre Freundschaft aus?

info

Ovids Verführungsformel:
»Damit der Funke überspringt, kommt es nicht nur auf das Selbstbewusstsein und aufs Äußere an, sondern auch auf die Umstände. Die Leidenschaft erwacht vor allem an Orten der Aufregung: im Theater, bei Wettrennen rassiger Pferde, simulierten Seeschlachten oder Gladiatorenspielen.«
Ovid (43 v. Chr. – 18 n. Chr.)

Die Brücke zur Liebe

Anfang der 70er Jahre machen sich zwei Psychologen in Kanada auf, Ovids Behauptung zu testen. Schauplatz ist der Capilano-Canyon, ein großer, grüner Naturpark, nicht mehr als zehn Minuten von der Metropole Vancouver, Kanadas drittgrößter Stadt, entfernt.
Eine beliebte Touristenattraktion dort ist die Capilano Canyon Suspension Bridge, die größte Fußgängerhängebrücke der Welt.
Sie ist zwar nur gut einen Meter breit, dafür aber 140 Meter lang. Umringt von riesigen Zedernbäumen, ragt die Brücke in einer Höhe von 70 Metern über den rauschenden Capilano River. Das Geländer ist niedrig, und es kippt und schaukelt ununterbrochen. Eine wackelige Angelegenheit. Ein aufregender Ort.

Ein kleines Stück flussaufwärts gibt es eine weitere Brücke. Sie besteht aus festem Zedernholz, ist drei Meter hoch und führt über einen schmalen Nebenarm des Flusses. Hier ist nichts wackelig und aufregend, sondern alles solide und langweilig.
Damit ist der Capilano-Canyon der ideale Ort für das »Brücken-Experiment«, das unter den Liebesforschern der Welt inzwischen legendär ist.
Der Versuch sieht folgendermaßen aus: Eine hübsche Mitarbeiterin der Forscher begibt sich in den Park, ausgerüstet mit einem belanglosen Fragebogen. Einmal stellt sich die Frau auf die wackelige Hängebrücke, ein anderes Mal auf die harmlose Holzbrücke. Dort bittet sie die männlichen Passanten, den Fragebogen auszufüllen, was die meisten Männer auch bereitwillig tun. Es handele sich um ein Projekt, sagt die Frau, mit

Verliebt sein bedeutet,

Schmetterlinge im Bauch haben,

auf Wolken gehen,

im siebten Himmel schweben...

dem sie versuche herauszufinden, wie sich Naturszenarien auf die kreative Ausdruckskraft auswirken. Dann, sobald der Bogen bearbeitet ist, reißt sie die Ecke eines Papiers ab, notiert ihre Telefonnummer und bietet dem Mann an, ihm das Projekt näher zu erläutern, »wenn mal mehr Zeit dazu ist«.

Das Resultat ist verblüffend: Neun von 18 Männern, die den Fragebogen auf der Hängebrücke ausgefüllt haben, rufen an. Dagegen greifen nur zwei der 16 Passanten von der Holzbrücke zum Hörer, um sich angeblich nach dem Projekt zu erkundigen.

Wie es scheint, hatte Ovid Recht. Unsere Anziehungskraft hängt nicht nur von uns ab, sondern auch von den Umständen, dem Ort, an dem wir uns befinden. Von der Aufregung oder der Langeweile, die diesen Ort charakterisieren.

Die Männer der Hängebrücke meldeten sich immerhin viermal häufiger bei der Frau als jene der Holzbrücke.

Aber vielleicht hatte die Aufregung nur ihr Interesse an dem Arbeitsprojekt der Frau geweckt? Oder an der Wackelbrücke waren neugierigere Leute als an der stabilen?

Nicht ganz, wie ein Kontrollversuch der Psychologen nahe legt:

Als sie einen Mann mit einem Stapel Fragebögen in den Capilano-Park schicken, der auf den beiden Brücken die männlichen Passanten anspricht, klingelt das Telefon so gut wie gar nicht.

Fazit: Die Männer der Hängebrücke hatten nicht etwa eine plötzliche Faszination für das Thema Kreativität entwickelt, sondern für die Frau. Aus ihrer Aufregung war Erregung geworden.

Bas Kast

Was denkst du über das Ergebnis des Experiments?

Ovid zählte einige Orte auf, an denen man sich zu seiner Zeit verliebte. Wo verliebt man sich heute?

<u>Kleiner Wirbelwind sucht passendes Gegenstück.</u>
Wenn du auch humorvoll, ehrlich und Nichtraucher bist, schnapp dir einfach einen Stift und schreib mir. Chiffre: XXXYYY.

Erwartungen

Er muss schön sein...

Intelligenz ist sehr wichtig!

Von meiner Partnerin wünsch ich mir vor allem, dass sie mir meinen Freiraum lässt!

Das Aussehen ist mir egal. Hauptsache ist doch, dass er treu und ehrlich ist.

Sie muss mir jeden Wunsch von den Lippen ablesen können...!

Zuverlässigkeit!

Mein Partner muss groß und stark sein, damit er mich beschützen kann!

Sie muss immer für mich da sein!

Eine Umfrage unter Jugendlichen hat ergeben, dass keiner der Befragten selbst alle Erwartungen erfüllen konnte, die er/sie an die Partnerin/den Partner gestellt hatte.

Welchen dieser Erwartungen an eine Liebesbeziehung stimmst du zu?
Welche Gedanken fehlen hier völlig?

Herzrasen –
Julia ist zum ersten Mal in ihrem Leben verliebt

Es ist so, wie soll ich es beschreiben, es ist einfach ein tolles Gefühl, so: Wow! Auf alle Fälle ist es das Allerschönste, was mir bislang passiert ist. Seit zwei Monaten geht das schon so, seit ich mit Saschko zusammen bin, meinem ersten Freund. Er macht mich zum glücklichsten Menschen der Welt. Er ist so besonders. Mit ihm kann ich lachen, mit ihm ist mir nie langweilig. Wir sehen uns jeden Tag und kaum, dass der Eine geht, telefonieren wir. Dann fragt er, wie es mir geht. Oder er ruft an und brüllt: »Viva Plus, Viva Plus!« Dann weiß ich, dass ich schnell den Fernseher anschalten muss, weil auf Viva Plus unser Lied läuft.

Manchmal liege ich im Bett und denke: Wie toll, dass es so weit gekommen ist! Es war ja am Anfang nicht klar. Vor zwei Jahren bin ich vom Gymnasium auf die Realschule gewechselt. Ich kam in seine Klasse. In Biologie saßen wir sogar nebeneinander. Und haben rumgeschäkert.

Dass ich verliebt war, wurde mir erst später klar und zwar als ein Mädchen, das neu in unsere Klasse kam, Interesse an ihm zeigte. Es war beim Wandertag, ich weiß es noch genau, denn ich war ziemlich eifersüchtig. Meine Freundin hat meine Eifersucht mitbekommen und gesagt: »Klarer Fall, du bist verliebt.« Ich habe mich aber nicht getraut, es ihm zu erzählen. Ich hatte große Angst davor, dass er mich auslacht. Eines Tages bat ich eine Freundin, ihn zu fragen, wie es für ihn wäre, wenn ein Mädchen in ihn verliebt sei. Er wusste gleich, was los war. Er sagte: »Du meinst Julia.« Aber mir gegenüber hat er sich unverändert verhalten. Wir haben uns jeden Tag gesehen, waren aber nicht zusammen. Das machte mich traurig, denn ich dachte, er treibt ein Spielchen mit mir. Manchmal lag ich abends im Bett und weinte.

Dann kam der Tag, an dem wir auf den Weihnachtsmarkt wollten. Wir standen im Hausflur und ich spüre jetzt noch, wie wir uns küssten. Mein Herz raste. Dieses Klopfen bis in den Kopf hinein. Wow! Das ist zwei Monate her. Und ich bin immer noch so glücklich, dass ich kaum still sitzen kann. Zu seinem Geburtstag habe ich ihn überrascht. Ich habe Pizza gebacken und hundert Teelichter in meinem Zimmer aufgestellt, auf dem Boden ein großes Herz aus Teelichtern geformt. Er stand in der Tür mit verbundenen Augen und hat am ganzen Körper gezittert. Ich nahm ihm die Binde ab und sagte: »Happy birthday.« Er stand nur da und brachte kein Wort heraus. Später haben wir nacheinander alle Kerzen ausgepustet und lagen im Dunkeln auf dem Bett. Mehr war nicht. Trotzdem werde ich es nie vergessen.

Wenn Liebe weh tut

Liebe bringt nicht immer nur positive Seiten mit sich: Lachen und Weinen, Freude und Leid, Sehnsucht und Hoffen, Himmel und Hölle, Händchenhalten und Küssen, Verstehen und Verzeihen, Zärtlichkeit und Bangen, Hingabe und Enttäuschung – Dieses Gewirr der Gefühle nennt man Liebe.

Schall und Rauch

Wie man sich täuschen kann,
wenn man sich täuschen will
in einem Menschen.

Wie man ihn
zu etwas Besonderem macht,
wenn man etwas Besonderes braucht.

Wie man sich
Illusionen machen kann,
wenn man die Wahrheit nicht wahrhaben will –

bis sie dann
wie der Blitz einschlägt
in die Galerie der Wunschbilder
und nichts hinterlässt
als Schall und Rauch.

Hans Kruppa

Wie kommt es zu den Enttäuschungen, von denen das Gedicht erzählt?

Liebeskummer

Liebeskummer ist ein schlimmes Gefühl. Du fühlst dich sehr einsam, das Selbstwertgefühl hat einen Knacks bekommen. Du bist überzeugt, nie wieder glücklich sein zu können. Die Welt um dich herum scheint nur aus verliebten Pärchen zu bestehen und du selbst bist ganz allein. Wahrscheinlich fragen die anderen dich, was mit dir los ist. Gespräche mit guten Freunden oder Freundinnen oder auch den Eltern bringen dir zwar die Liebe nicht zurück, aber vielleicht bringen sie dich auf andere Gedanken, du gewinnst etwas Abstand und kannst »die ganze Angelegenheit« aus einem anderen Blickwinkel betrachten.

Die Liebe und das Leiden sind wichtige Themen in der Musik. Uns begegnen viele Lieder, die vom Kummer der Liebe erzählen. So auch das folgende Lied.

OHNE DICH

Langeweile besäuft sich meilenweit
Ich zähl die Ringe an meiner Hand.
Dort draußen alles dreht sich, still um nichts herum
und ich male deine Schatten an jede Wand.

Es kommt so anders als man denkt,
Herz vergeben, Herz verschenkt.

Ich gab dir meine Liebe, gab dir Zeit, Geduld und Geld,
ich legte mein Leben in deine kleine Welt.
Wer auch immer dir jetzt den Regen schenkt, ich hoff es geht ihm schlecht,
wer auch immer dich durch die Nacht bringt,
bitte glaub ihm nicht.

Es kommt so anders als man denkt,
Herz vergeben, Herz verschenkt.

Es ist so ohne dich,
es ist so widerlich,
denkst du vielleicht auch mal an mich?

Ich nähte mir einen Bettbezug aus der Zeit, die wir hatten.
Und trink mir alte Wunden an, so tief und allein.
Kein Berg, den ich nicht versetzt hab,
zog jede Chance an den Haaren herbei.
Für ein Leben lang zu leben,
so wild und so frei.

Es kommt so anders als man denkt,
Herz vergeben, Herz verschenkt.

Es ist so ohne dich …

Jan Plewka

Zweierlei Leid

**Die sich hassen
wollen sich weh tun
und schaffen es nicht.
Die sich lieben
tun sich weh
und wollen es nicht.**

SIEGFRIED MACHT

■ Gibt es eine Verbindung zwischen Liedtext und Spruch?

Ist Lieben eine Kunst?

info *Der Autor und Psychoanalytiker **Erich Fromm** (1900–1980) veröffentlichte 1956 »Die Kunst des Liebens«, ein Buch, das in vielen Ländern der Erde hohe Auflagen erlebte und noch erlebt.*

Die Kunst des Liebens

Die meisten Menschen sehen das Problem der Liebe in erster Linie als das Problem, selbst geliebt zu werden, statt zu lieben und lieben zu können. Daher geht es für sie nur darum, wie man es erreicht, geliebt zu werden, wie man liebenswert wird. Um zu diesem Ziel zu gelangen, schlagen sie verschiedene Wege ein. Der eine, besonders von Männern verfolgte Weg ist der, so erfolgreich, so mächtig und reich zu sein, wie es die eigene gesellschaftliche Stellung möglich macht. Ein anderer, besonders von Frauen bevorzugter Weg ist der, durch Kosmetik, schöne Kleider und dergleichen möglichst attraktiv zu sein. (...)

Nicht als ob man meinte, die Liebe sei nicht wichtig. Die Menschen hungern gerade danach; sie sehen sich unzählige Filme an, die von glücklichen oder unglücklichen Liebesgeschichten handeln, sie hören sich Hunderte von kitschigen Liebesliedern an – aber kaum einer nimmt an, dass man etwas tun muss, wenn man es lernen will zu lieben. (...)

Hinter der Einstellung, dass man nichts lernen müsse, um lieben zu können, steckt zweitens die Annahme, es gehe bei dem Problem der Liebe um ein Objekt und nicht um eine Fähigkeit. Viele Menschen meinen, zu lieben sei ganz einfach, schwierig sei es dagegen, den richtigen Partner zu finden, den man selbst lieben könne und von dem man geliebt werde. (...) Der dritte Irrtum, der zu der Annahme führt, das Lieben müsse nicht gelernt werden, beruht darauf, dass man das Anfangserlebnis, »sich zu verlieben«, mit dem permanenten Zustand »zu lieben« verwechselt. Wenn zwei Menschen, die einander fremd waren – wie wir uns das ja alle sind – plötzlich die trennende Wand zwischen sich zusammenbrechen lassen, wenn sie sich eng verbunden, wenn sie sich eins fühlen, so ist dieser Augenblick des Einsseins eine der freudigsten, erregendsten Erfahrungen im Leben. Freilich ist diese Art Liebe ihrem Wesen nach nicht von Dauer. Die beiden Menschen lernen einander immer besser kennen, und dabei verliert ihre Vertrautheit immer mehr den geheimnisvollen Charakter, bis ihr Streit, ihre Enttäuschung, ihre gegenseitige Langeweile die anfängliche Begeisterung getötet haben.

Erich Fromm

Diese Auffassung, nichts sei einfacher als zu lieben, herrscht noch immer vor, trotz der geradezu überwältigenden Gegenbeweise. Es gibt kaum eine Aktivität, kaum ein Unterfangen, das mit so ungeheuren Hoffnungen und Erwartungen begonnen wird und das mit einer solchen Regelmäßigkeit fehlschlägt wie die Liebe. Der erste Schritt auf dem Weg das Scheitern der Liebe zu verhindern ist, sich klarzumachen, dass Lieben eine Kunst ist. Wenn wir lernen wollen zu lieben, müssen wir genauso vorgehen, wie wir das tun würden, wenn wir irgendeine andere Kunst, zum Beispiel Musik, Malerei, das Tischlerhandwerk oder die Kunst der Medizin oder der Technik lernen wollten.

Erich Fromm

Weshalb wird Liebe als Kunst bezeichnet?
Was müssen wir lernen, damit die Liebe von Bestand ist?

Emil Wachter, Isaak und Rebekka

Welcher Bezug besteht zwischen Text und Bild?

Liebe hat viele Gesichter . . .

Gefühl der Liebe – Agape – Sexualität – Nächstenliebe – Körperliche Liebe – Erotik

Formen der Liebe

In unserem Leben begegnen wir der Liebe auf vielerlei Art und Weise.
Man behilft sich gern mit den Fremdwörtern aus dem Griechischen oder Lateinischen, um die unterschiedlichen Formen der Liebe zu benennen:

Erotik (griech. eros) ist die Bezeichnung für das Gefühl der Anziehung zwischen den Geschlechtern.

Sexualität (griech. sexus) ist der Geschlechtstrieb, der ebenso zum Wesen des Menschen gehört.

Agape (von griech. Liebe) ist die Liebe Gottes zu uns Menschen, die wir in Form der Nächstenliebe weitergeben. Diese Form der Liebe hat uns Christus beispielhaft vorgelebt.

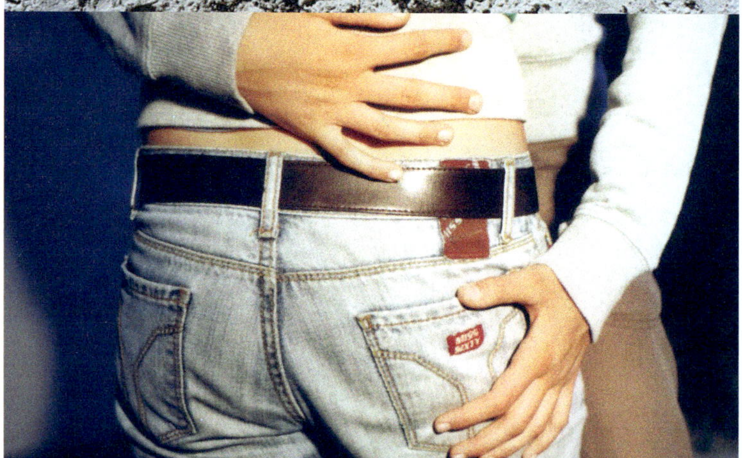

Welcher Form der Liebe ordnest du die folgenden Begriffe zu?
Glück, Lust, Treue, Verantwortung, Begierde, Spannung, Ruhe, Egoismus, Verlangen, Fürsorge, Mitgefühl, Anziehung, Hingabe.

Ich liebe dich…

Liebeserklärungen aus der Bibel

info

Wie sagt man* »Ich liebe dich« *in anderen Ländern?

Frankreich: Je t'aime
Spanien: Te amo
Holland: Ik heb jou lief
Schweden: Jag älskar dig
Finnland: Minä rakastan sinua

In der Bibel kommen die verschiedenen Formen der Liebe vor. Es ist sowohl von Agape als auch von Eros und Sexus die Rede.

»Ich liebe dich trotzdem!«

Liebet eure Feinde! (Lk 6, 27)

»Ich liebe dich von Herzen, mit Schmerzen, gar nicht…«

Ich bin krank vor Liebe. (Hohes Lied 2,5)

»Ich liebe dich, auch wenn du kein Schönheitskönig bist.«

Wie schön und lieblich bist du, du Liebe voller Wonne. (Hohes Lied 7,7)

»Ich liebe dich, weil du so süß bist.«

Dein Wort ist meinem Munde süßer als Honig. (Psalm 119,103)

- Auf welche Form der Liebe beziehen sich die einzelnen Aussagen?

Eros und Sexus in der Bibel

info *Eros und Sexus werden auch in der Bibel als positive Grundkräfte dargestellt. Die geschlechtliche Liebe ist ein Geschenk Gottes, das von den Menschen, von denen die biblischen Texte erzählen, voll ausgelebt wird und das ihnen Glück beschert. Sehr eindrücklich wird diese Liebe im Hohen Lied der Liebe Salomos beschrieben.*

»Er küsse mich mit dem Kusse seines Mundes; denn deine Liebe ist lieblicher als Wein.«

Das Hohe Lied Salomos

»Höret! Mein Geliebter –
da kommt er!
Er springt über Berge,
hüpft über Hügel.
Mein Geliebter ist wie eine Gazelle,
wie der junge Hirsch.
Schon steht er hinter der Mauer,
schaut durch das Fenster,
guckt durch das Gitter.
Mein Geliebter singt mir zu:
Steh auf, meine Freundin,
meine Schöne, und komm!
Schau doch, der Winter ist vorüber,
der Regen ist dahin, vorbei.
Die Blüten erscheinen im Land,
die Zeit des Rebschnitts ist da,
und das Gurren der Turteltaube
ist zu hören im Land.
Der Feigenbaum treibt seine Feigen,
die Reben blühen und duften.
Steh auf, meine Freundin,
meine Schöne, und komm!
Meine Taube ist in den felsigen Klüften,
im Versteck der Steinwand:
Lass mich dich anschauen,
lass mich deine Stimme hören!
Denn deine Stimme ist süß,
und schön siehst du aus.«

Hohes Lied 2,8–14

Das Hohe Lied Salomos ist ein schmales Buch im Alten Testament, bestehend aus acht Kapiteln auf wenigen Seiten. Seinen deutschen Titel verdankt es Martin Luther. Goethe rechnete es zur Weltliteratur. Worum geht es? Es handelt sich um Liebeslieder voller Erotik und Leidenschaft.

Ein Mädchen sehnt sich nach seinem Freund. Sie sucht nach ihm, sie vergeht vor Verlangen nach ihm. Er malt sich aus, wie sie aussieht. Dann steht er vor der Tür, sie lässt ihn bei sich ein und wie ein Strom reißt die Leidenschaft sie fort.

Die Sprache des Hohen Liedes ist durchdrungen von erotischen Bildern und Symbolen. Es sind Bilder der Fülle und des Lebens. So wird die Liebe und ihre Wirkung unter anderem umschrieben mit der Süße des Honigs und der berauschenden Kraft des Weins. Der Weinberg steht für den Leib des Mädchens, die Trauben für ihre Brüste, die Palme für ihre hinreißende Gestalt, die breit ausladende Zeder für das Haus der Liebe.

Alle Arten von Düften sollen die verführerische Anziehungskraft des Geliebten spürbar machen. Dauernd möchte der eine den anderen anschauen und bewundern. Es ist auffällig, welchen Stellenwert im Hohen Lied die äußere Schönheit hat. Sie treibt gleichsam die Liebe an. Immer wieder versichern sich die beiden, wie schön sie sich finden:

»Schön bist du, meine Freundin, du bist schön!«

Auch die Höhepunkte der Liebe werden nicht ausgespart. Das Hohelied spricht mitunter ganz offen von den intimen Begegnungen, meistens jedoch verschlüsselt.

Besonders eindringlich ist das Bild vom Garten. Als die Freundinnen das Mädchen fragen, wohin ihr Geliebter gegangen sei, antwortet es: »Mein Geliebter stieg in sei-

Viele Vergleiche im Hohen Lied stammen aus der Natur. Das ist nicht verwunderlich, denn die Natur bestimmt den Lebensrhythmus. Der altorientalische Mensch verlegt jedoch nicht seine Gefühle in die Natur, sondern die Natur liefert ihm Anlässe für seine Gefühle. Jede Blume, jeder Weinberg spricht vom Geliebten, alles erinnert an ihn.

nen Garten hinab, um in den Gärten zu weiden und zu pflücken«. Damit meint sie jedoch nicht einen wirklich existierenden Garten.

Vielmehr ist der Garten nicht nur der Ort der Liebe, er ist auch die Geliebte selbst. Noch heute sagen die Araber, sie gingen ins Paradies, wenn sie nachts ihre Freundin besuchen.

Das Bild von Emil Wachter und das Hohe Lied erzählen von der Schönheit. Suche Stellen aus dem Hohen Lied heraus, die zu dem Bild passen.

Du hast einiges über das Hohe Lied erfahren. Betrachte nun das Bild »Auf Blumen gebettet« von Ake Gustavsson. Man kann es mit dem Hohen Lied in Verbindung bringen.

Das Doppelgebot der Liebe

Liebe den Herrn, deinen Gott, von ganzem Herzen, mit ganzem Willen und mit deinem ganzen Verstand! Dies ist das größte und wichtigste Gebot. Aber gleich wichtig ist ein zweites:

Lotti Latrous – Eine Weiße in den Elendsvierteln Westafrikas

In Afrika leben 70 Prozent aller weltweit an Aids Infizierten; alle acht Sekunden stirbt ein Mensch an der Krankheit. Die Schweizerin Lotti Latrous wollte dem Elend nicht tatenlos zusehen und beschloss zu handeln. In den Slums von Abidjan – einer Großstadt der Elfenbeinküste – eröffnete sie eine Ambulanz, später kam ein Aids-Hospiz hinzu. In ihrer Ambulanz betreut sie vor allem aidskranke Mütter und ihre Kinder, die zum Teil auch schon an der Krankheit leiden.
Lotti ist eine beeindruckende Frau, die der Hoffnungslosigkeit jeden Tag die Stirn bietet und dabei ihre Erfüllung findet.
Die Journalistin und Buchautorin Gabriella Baumann von Arx schrieb ein Buch über Lotti. Dazu flog sie an die Elfenbeinküste und begleitete sie bei ihrer Arbeit.

»Ich glaubte glücklich zu sein, bis sich meine Seele im Spital öffnete. Das ist jetzt eine neue Form von Glück. Sehr, sehr tief.« LOTTI LATROUS

Das Doppelgebot der Liebe lässt sich anhand von Lotti Latrous gut verdeutlichen und erklären.

Liebe deinen Nächsten wie dich selbst! In diesem Doppelgebot ist alles zusammengefasst, was das Gesetz und die Propheten fordern.

Mt 22, 37–40

Aicha

Aicha ist neunzehnjährig und ihre Geschichte, die Lotti später erzählt, ist erschütternd. Mit dreizehn lief sie von zu Hause weg, weil sie die Schläge ihres Vaters nicht mehr ertrug. Um essen zu können, prostituierte sie sich, um sich prostituieren zu können, pumpte sie sich mit Drogen voll. Präservative und sterile Nadeln waren kein Thema. Fünf Jahre später bekam sie Durchfall, so schlimm, dass die Freundin, mit der sie wohnte, das gemeinsame Zimmer verließ. Tagelang wartete sie auf deren Rückkehr, wurde schwächer und schwächer. Die Einsamkeit ließ sie ihre letzten Kräfte bündeln, trieb sie hinaus vor den Nachtklub, wo sie einst gearbeitet hatte und wo sie sich von ihren Freundinnen und Arbeitskolleginnen sowie vielleicht von dem einen oder anderen ihrer früheren Freier Hilfe erhoffte. Drei Tage später wurde sie von der Hilfsorganisation Caritas aus dem Straßengraben gehoben und zu Lotti gebracht. Lotti hat sie aufgepäppelt, ihre Eltern ausfindig gemacht und ihnen gesagt, Aicha möchte ihre Mutter sehen, nicht aber den Vater.

Lotti hat Aicha letzte Woche versprochen, ihr den größten Wunsch zu erfüllen: den, einmal eine ganze Nacht lang ihre Hand zu halten, damit sie besser schlafen kann. Lotti weiß, dass sie ihr Versprechen bald einlösen muss und dass es gut war, dass die Mutter vor drei Tagen tatsächlich gekommen ist. Sie blieb zwei Stunden. Zwei Stunden, in welchen sie nicht sprechen konnte, da die mütterlichen Tränen die Worte erstickten. Zwei Tage zuvor bekam Aicha ihren allerletzten Besuch, einen weißen, zirka sechzigjährigen Mann. Er trug blaue Schuhe, einen blauen Anzug und eine blaue Krawatte. Das Blau, sagt Lotti, sei nicht schön, sondern stumpf und verwaschen gewesen. Der Mann stellte sich als Aichas Freund vor, setzte sich eine halbe Stunde zu ihr hin und verließ sie mit den Worten, er werde bald wieder kommen und ihr ein leuchtend rotes Kleid als Geschenk mitbringen. Er bot Lotti Geld an. »Ich habe es aber nicht genommen, weil ich das Gefühl hatte, er wolle sich von einer Schuld freikaufen, und so einfach mache ich es ihm nicht.«

Nicht nur in Afrika infizieren sich Menschen mit dem lebensgefährlichen Aids-Virus, auch bei uns besteht die Gefahr der Ansteckung. Informationen zum Schutz gegen Aids bieten z. B. Broschüren des Gesundheitsamtes an.

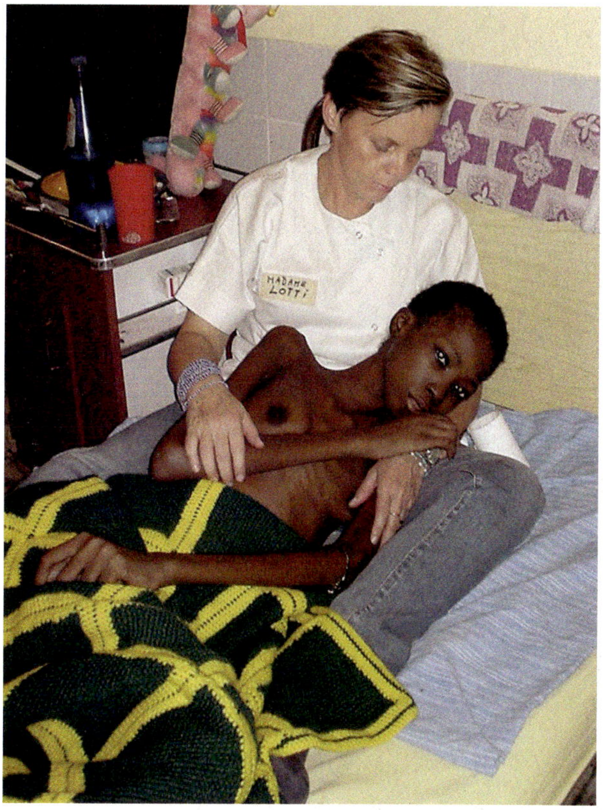

Lotti und Aicha

Es ist
was es ist

Was es ist

Es ist Unsinn
sagt die Vernunft
Es ist was es ist
sagt die Liebe
Es ist Unglück
sagt die Berechnung
Es ist nichts als Schmerz
sagt die Angst
Es ist aussichtslos
sagt die Einsicht
Es ist was es ist
sagt die Liebe
Es ist lächerlich
sagt der Stolz
Es ist leichtsinnig
sagt die Vorsicht
Es ist unmöglich
sagt die Erfahrung
Es ist was es ist
sagt die Liebe

Erich Fried

Wenn du dieses Kapitel im Unterricht und zu Hause bearbeitet hast,

weißt du,
- **worauf es in einer Freundschaft ankommt**
- **warum Freunde so wichtig sind**
- **dass aus Freundschaft auch Liebe werden kann.**

Du kannst erklären,
was es bedeutet, wenn man Herzrasen bekommt.

Du hast erkannt,
- **wie wichtig und schön die Liebe ist**
- **dass sie aber auch weh tun kann.**

Du kannst beurteilen und erklären,
- **dass man Verantwortung übernimmt, wenn man eine Liebesbeziehung eingeht**
- **dass Lieben eine Kunst ist.**

Du kennst
- **unterschiedliche Aussagen der Bibel über die verschiedenen Formen der Liebe**
- **das Doppelgebot der Liebe und**
- **Möglichkeiten es in die Wirklichkeit umzusetzen.**

Du hast erfahren,
dass Nächstenliebe sich auf den »nahen« und »fernen« Nächsten bezieht.

wissen

kennen

können

informiert sein

erklären

begründen

überprüfen

beurteilen

Martin Luther – auf der Suche nach einem gnädigen Gott

Dem Teufel ich gefangen lag,
im Tod war ich verloren,
mein Sünd mich quälte Nacht und Tag,
darin ward ich geboren …
… Die Angst mich zu verzweifeln trieb,
dass nichts denn Sterben bei mir blieb,
zur Höllen musst' ich sinken.

Martin Luther in einem selbst verfassten Liedtext

Pieter Brueghel, Ausschnitt aus: Der Triumph des Todes

Dieses Bild verdeutlicht das Lebensgefühl vieler Menschen zur Zeit Luthers.
Welche Farben und Elemente würde ein Bild unserer heutigen Welt beinhalten?

Ein Junge soll Karriere machen

info

***Philipp Melanchthon** (1497–1560) fiel schon in jungen Jahren durch seine Gelehrsamkeit auf. Er war ab 1518 Professor in Wittenberg. Dort lernte er Luther kennen, mit dem ihn bald eine tiefe Freundschaft verband. Melanchthon wurde eine der führenden Gestalten der Reformation, seine »Confessio Augustana« (siehe Seite 54) hat bis heute eine zentrale Stellung in der evangelischen Glaubenslehre.*

Vom Kind eines einfachen, aber tüchtigen Bergmannes …

Der Freund und Mitstreiter Philipp Melanchthon über Martin Luthers Herkunft:

»Es ist ein alt und weitverbreitetes Geschlecht mittelmäßigen Standes, Luther genannt, in der Herrschaft des erlauchten Grafen von Mansfeld. Die Eltern Martin Luthers aber wohnten in dem Städtchen Eisleben, da er auch geboren ist, und zogen nachher gen Mansfeld, allwo der Vater, Hans Luther, ein obrigkeitliches Amt verwaltete, und ob seiner Rechtschaffenheit allen Guten sehr lieb und wert war.

Seine Mutter Margarethe, Hans Luthers Ehegemahlin, besaß alle übrigen Tugenden, die einer ehrbaren Matrone [Ehefrau] wohl anstehen; insonderheit aber zeichnete sie sich aus durch Keuschheit, Gottesfurcht und Andacht, so dass auch alle anderen ehrbaren Frauen auf sie wie auf ein Vorbild der Tugenden hinschaueten. Dieselbe hat mir einigemal auf meine Frage: zu welcher Zeit ihr Sohn geboren worden, geantwortet, […] dass

er am 10. des Monats November, in der Nacht nach elf Uhr, geboren, und dass der Name Martin dem Kinde darum gegeben worden sei, weil der nächste Tag, da dasselbe durch die Taufe in die Gemeinde Gottes aufgenommen worden, der Martinstag gewesen sei. Sein Bruder Jacob aber, ein biederer, redlicher Mann, versicherte, die Meinung der Familie über das Alter des Bruders sei durchgängig gewesen, dass er im Jahre Christi 1483 geboren sei.«

Lucas Cranach d. Ä., Die Eltern Luthers: Margarethe und Hans (Bilder oben)

Die Stadt Eisleben im späten Mittelalter: Anfangs- und Endpunkt von Martin Luthers Leben.

»Ich wurde einmal vor Mittag 15-mal gestrichen [mit der Rute geschlagen], ohne alle Schuld, denn ich sollte deklinieren [Substantive beugen] und konjugieren [Verben beugen] und hatt' es nicht gelernet.«

LUTHER ÜBER SEINE SCHULZEIT

... zum jungen Mann, dem eine hoffnungsvolle Karriere bevorsteht.

Der junge Martin Luther durchlief eine für seine Zeit typische Schullaufbahn. Nachdem er schon als Kleinkind mit seinen Eltern in die Grafschaft Mansfeld umgesiedelt war, ging er ab dem Jahr 1489 in die dortige Lateinschule, wo er lesen und schreiben sowie vor allem die Unterrichtssprache gelehrter Leute, nämlich Latein, erlernte. Der harte Unterrichtsalltag mit seinen vielen Regeln und Schulstrafen machten dem jungen Martin offensichtlich nicht sehr viel aus, denn er war an eine strenge Erziehung durch seine Eltern gewöhnt. Dennoch waren für ihn die strenge Haltung und die Schläge seines Vaters manchmal nicht zu ertragen.

Sein Vater, Hans Luther, hatte es im florierenden Bergbauwesen zu beachtlichem Erfolg gebracht und setzte deshalb nun große Erwartungen in seinen Sohn.

Nachdem Martin für ein Jahr seine Schullaufbahn an der Domschule von Magdeburg fortgesetzt hatte, wechselte er 1498 nach Eisenach und kam dort bei einer weitläufig verwandten Familie unter. Für den jungen Luther war dies alles in allem eine glückliche Zeit: In seiner Gastfamilie herrschte eine freundliche Atmosphäre und Martin konnte sich auch ein wenig Geld verdienen, wenn er im Chor mit seinen Mitschülern als so genannter Kurrendesänger durch die Stadt zog und die Leute mit seinem Gesang erfreute. So zeigte sich schon früh die große Hingabe Luthers zur Musik.

Im Jahr 1501 war es dann soweit: Martin begab sich in die große Stadt Erfurt und nahm an der dortigen, als modern geltenden Universität, sein Studium auf. Obwohl er nach dem Willen des Vaters Jurist werden sollte, musste er erst einmal ein verpflichtendes, allgemeines Grundstudium durchlaufen. Der junge Luther ging ernsthaft seinen Studien nach, sodass er sich 1505 Magister nennen durfte und nun seinen Schwerpunkt auf das Jurastudium legen konnte. Ein derartiger Abschluss war in der damaligen Zeit die Voraussetzung für eine glänzende Karriere, vielleicht sogar bei Hofe. Martins Vater war nun sehr stolz auf seinen Sohn, redete ihn von da an mit »Ihr« statt »Du« an und fasste Pläne für eine viel versprechende Verheiratung ...

Holzschnitt mit einer Unterrichtsszene (spätes 15. Jahrhundert)

Die Abbildung verrät einiges über den strengen Unterrichtsalltag im Mittelalter. Welche Unterschiede zur heutigen Schule fallen dir bei ihrer Betrachtung auf?

Der Tod lauert überall

Arnold Böcklin, Der Krieg

Viele Übel bedrohten das Leben der Menschen im Mittelalter

Die Epoche des späten Mittelalters war für den Großteil der damaligen Menschen eine Unheil bringende und düstere Zeit. Die **Pest**, die in der Mitte des 14. Jahrhunderts einen Großteil der europäischen Bevölkerung dahinraffte, veränderte die Gefühle und den Glauben der Menschen. Manche Geschichtsschreiber berichten sogar, dass es in Europa leichter gewesen wäre, die Lebenden statt die Toten zu zählen. Man war sich sicher, dass Gott ein großes Strafgericht geschickt hatte. Daher wunderten sich auch die Zeitgenossen nicht über die seltsamen Züge von Geißlern, die der Bestrafung Gottes zuvorkommen wollten und sich mit Riemengeißeln, die mit Dornen versehen waren, auf den blutigen Rücken schlugen.

Gelehrte Theologen dieser Zeit sahen sich hierdurch in ihrer Annahme bestätigt, dass Gott in seinem Handeln nicht mit dem menschlichen Verstand zu begreifen sei. Gott stehe vielmehr über Gutem und Bösem und man könne ihn nicht als den lieben Gott ansehen, sondern müsse ihn eher als den zornigen Richter fürchten. Das Volk, das dies glaubte, lebte in ständiger Angst vor diesem allmächtigen Gott.

Aber auch **böse Geister** und der **Teufel** selbst wurden überall vermutet. Man(n) meinte, dass diese finsteren Mächte versuchten, von den Menschen Besitz zu ergreifen, besonders Frauen seien dafür empfänglich. Die Schrecken der **Hölle**, die immer wieder auf Bildern dieser Zeit dargestellt wurden, waren für die Menschen Wirklichkeit.

Der Tod hielt reiche Ernte, was auch durch die zahlreichen **Kriege** verstärkt wurde, die in Europa an den verschiedensten Orten geführt wurden.

Wegen der **unbarmherzigen Justiz** konnte zudem der einzelne Bürger sein Recht nicht durchsetzen, sondern war der Willkür der weltlichen Herren ausgeliefert. Obendrein setzte das Rechtssystem immer mehr auf das Verhörmittel der **Folter**.

Den Menschen war somit bewusst, dass ihr Leben an einem seidenen Faden hing.

Den Menschen früher war durch die vielen Schicksalsschläge und die ständige Begegnung mit dem Tod bewusst, dass ihr Dasein sehr begrenzt ist. Welche Einstellung zu Sterben und Tod haben wir heute?

info ***Heilige*** *spielten für die Frömmigkeit im Mittelalter eine große Rolle. Da das Leben der einfachen Menschen häufig bedroht war, konnte man für jede Lebenslage einen speziellen Heiligen anrufen, auf dessen Hilfe man vertraute. So war etwa die Heilige Anna als Schutzheilige (= Patronin) der Bergleute dem jungen Luther seit seiner Kindheit bekannt.*

Ein Gespräch unter Freunden

Ende Juni 1505 geht es am Abend in einer Erfurter Studentenkneipe hoch her. Nur einer sitzt – ganz gegen seine Gewohnheit – etwas abseits und beteiligt sich kaum an den Gesprächen. Als er plötzlich aufsteht und die Gaststätte verlässt, sehen sich die Freunde überrascht an …

Georg: Was ist denn heute mit Martin los? So ruhig kenne ich ihn gar nicht!

Johannes: Ihr wisst doch, dass neulich die Pest in Erfurt gewesen ist. Philipp, ist deswegen nicht sogar eine deiner Prüfungen vorverlegt worden?

Philipp: Ja genau, ich musste viel früher als geplant antreten, das war eine ziemliche Aufregung!

Johannes: Drei Prüflinge sind der Krankheit sogar zum Opfer gefallen, viele Professoren und Studenten haben fluchtartig die Stadt verlassen. Das alles hat Martin sehr mitgenommen, er hat in dieser Zeit viel über den Tod nachgedacht.

Philipp: Erinnert ihr euch noch daran, dass er sich im April mit dem Degen die Oberschenkelschlagader bei einem Sturz verletzt hat?

Gedenkstein bei Stotternheim

Georg: Das weiß ich noch genau, denn so ungeschickt kann nur der Martin sein! Er wäre dann in der Nacht beinahe verblutet, weil die Wunde wieder aufgebrochen ist. Da habe ich mir große Sorgen um ihn gemacht, denn nach solch einer Verletzung ist schon mancher gestorben.

Johannes: Zu allem Unglück hat ihm sein Vater jetzt auch noch geschrieben, dass er eine Ehefrau für ihn ausgesucht hat, damit er sein Studium noch zielstrebiger durchzieht.

Philipp: Dabei hat Martin mir neulich anvertraut, dass er sich gar nicht mehr so sicher ist, ob er wirklich Jurist werden will.

Johannes: Deswegen will er auch in den nächsten Tagen seine Eltern aufsuchen, um dies alles mit ihnen zu besprechen. Da kann man schon verstehen, dass er heute Abend nicht zu Späßen aufgelegt war.

Einige Tage später befindet sich der junge Student Martin Luther auf dem Rückweg von einem Besuch bei seinen Eltern. Die unerfreuliche Auseinandersetzung mit seinem Vater geht ihm nicht aus dem Kopf und so merkt er nicht, dass ein Gewitter heraufzieht. Als dicht neben ihm ein Blitz einschlägt, wird er aus seinen Grübeleien gerissen. Voller Angst fällt er nieder und ruft die Heilige Anna an. Zur Bekräftigung seines Hilferufes gelobt er ihr, in ein Kloster einzutreten. Damit nimmt sein Leben eine dramatische Wende.

- **Was veranlasst Luther, ins Kloster zu gehen?**

Wendepunkte im Leben von Menschen

Jeder Mensch kommt in Situationen, in denen er sich entscheiden muss. Die abgebildeten Karten zeigen dir drei Persönlichkeiten vor und nach einer lebensverändernden Entscheidung.

Prinz Siddharta

Siddharta als der »Buddha«

Feldherr Konstantin

Bild eines Adligen, der zur Zeit des Franziskus lebte

Konstantin als erster christlicher Kaiser

Der heilige Franz von Assisi

Anhand der angegebenen Namen kannst du dich sicher über die Lebenswende der jeweiligen Person informieren (Internet, Lexika …).
Gab es auch in deinem Leben schon Wendepunkte, an denen du dich entscheiden und neu orientieren musstest?

Der Junge Tiuri lebt im Mittelalter in der Stadt des Königs Dagonaut. Er wird in den Krieg zwischen zwei Reichen hineingezogen und erlebt dabei viele Gefahren, aber auch Hilfe und Freundschaft. Eines Tages aber muss er sich entscheiden.

Der Brief für den König

Tiuri kniete auf dem steinernen Boden der Kapelle und starrte in die bleiche Flamme der Kerze, die vor ihm stand. Wie spät mochte es sein? Er sollte ernsthaft über die Pflichten nachdenken, die ihn erwarteten, wenn er Ritter war, aber seine Gedanken schweiften immer wieder ab. Manchmal dachte er sogar überhaupt nichts. Er fragte sich, ob es seinen Freunden wohl genauso erging. Wie still es hier ist, dachte Tiuri kurze Zeit später. So still ist es in meinem Leben noch nie gewesen. Ich höre nur unsere Atemzüge und vielleicht, wenn ich gut hinhöre, das Klopfen meines Herzens …
Die fünf jungen Leute durften nicht miteinander reden – während der ganzen Nacht durften sie kein einziges Wort sagen. Und sie durften keinerlei Verbindung mit der Außenwelt haben. Sie hatten selbst die Kapellentür abgeschlossen und würden sie erst am nächsten Morgen um sieben Uhr wieder öffnen, wenn die Ritter König Dagonauts kamen, um sie abzuholen.
Morgen früh! Tiuri sah den Festzug vor sich: die Ritter auf ihren Pferden, deren Zaumzeug prächtig geschmückt war, die farbigen Schilde und die wehenden Banner. Auch sich selbst sah er, auf einem feurigen Pferd sitzend, in einen blinkenden Harnisch [Rüstung] gehüllt, mit Helm und wehendem Federbusch.
Kurz darauf tauchte ein neuer Gedanke in ihm auf: Stell dir vor, wenn jetzt jemand an die Tür klopfte! Dann dürften wir nicht öffnen …
Da wurde an die Tür geklopft – leise, aber deutlich vernehmbar. Die fünf jungen Leute hielten den Atem an, aber sie blieben regungslos sitzen.
Es klopfte erneut.
Und dann hörte er eine Stimme, so leise wie ein Hauch, die sagte: »Im Namen Gottes – mach die Tür auf!«
Tiuri richtete sich auf und schaute zum Fenster empor. Er sah nichts, keinen Schatten, so dass er hätte denken können, er hätte es sich nur eingebildet. Wenn es nur so wäre! Er konnte ja doch nicht tun, was die Stimme von ihm erbeten hatte, auch wenn sie noch so dringend geklungen hatte. Er barg sein Gesicht in den Händen und versuchte alle Gedanken zu verbannen, die in ihm umgingen. Aber dann hörte er wieder die Stimme, ganz deutlich, obwohl es nicht mehr als ein Flüstern war: »Im Namen Gottes, mach auf!« Es klang fast noch dringender als beim ersten Mal.
Tiuri blickte zu seinen Freunden hinüber, doch die sahen aus, als hätten sie nichts gehört. Aber er hatte es wohl gehört! »Im Namen Gottes, mach auf!«
Was nun? Er durfte die Tür nicht öffnen … Wenn es nun aber ein Mensch in Not war, ein Flüchtling, der Asyl suchte?
Er horchte. Es war wieder still. Die Stimme klang jedoch in seinen Ohren nach; er würde sie niemals vergessen können. Oh, warum musste dies gerade jetzt passieren? Warum musste ausgerechnet er diesen Hilferuf hören? Er durfte nicht darauf antworten, aber er würde auch nicht beruhigt sein, bevor er es getan hatte.
Er zögerte. Dann fasste er einen Entschluss. Er stand leise auf; es machte ihm Mühe, denn er war steif geworden von dem langen Knien auf dem kalten Boden. Er tastete sich an der Wand entlang in Richtung Tür. Ab und zu blickte er sich nach seinen Freunden um. Er glaubte nicht, dass sie etwas gemerkt hatten – oder doch? Noch einmal warf er einen Blick zurück: auf seine Freunde, auf den Altar und die Schilde darüber, auf das Licht der vier Kerzen und die Schatten zwischen den Säulen und im Deckengewölbe. Dann ging er durch die kleine Vorhalle zur Tür und griff nach dem Schlüssel.
Wenn ich öffne, dachte er, habe ich die Regeln missachtet. Dann darf ich mich morgen nicht zum Ritter schlagen lassen.
Er drehte den Schlüssel um, öffnete die Tür einen Spaltbreit und sah hinaus …

Tonke Dragt

Tiuri fasst einen für ihn folgenschweren Entschluss. Kannst du nachvollziehen, weshalb er sich gegen seine eigenen Ziele entscheidet?

Wendepunkte im Leben Luthers

Alles kommt anders: Luther ändert sein Leben

Es ist ein kalter und dunkler Winterabend am Anfang des Jahres 1506. In einem Erfurter Kloster könnte sich folgendes zugetragen haben:

In seiner rechteckigen und unbeheizten Klosterzelle sitzt der junge Mönch Martin Luther auf dem einzigen Stuhl des Raumes. Tief in Gedanken versunken, beim fahlen Schein einer kleinen Kerze kommt er ins Grübeln.
Er hat sein Gelübde vom vergangenen Sommer wahr gemacht: Nach einer bewegenden Abschiedsfeier mit seinen Freunden ist er bei Tagesanbruch an die Pforte des Schwarzen Klosters der Augustiner-Eremiten in Erfurt getreten und hat um Einlass gebeten.
Er stellt bald fest, dass der Alltag in diesem Kloster sehr hart ist, denn der Ablauf ist bis ins Kleinste geregelt. Neben sieben festen Gebetszeiten – die erste übrigens schon um zwei Uhr nachts – bestimmen vor allem Bibelstudium, Beichte und das tägliche Betteln auf den Straßen und Märkten Erfurts den Tagesablauf.
Als Martin an den heutigen Bettelgang denkt, hellt sich sein Gesichtsausdruck kurz auf, denn fast alle seine Freunde hat er so wenigstens kurz sehen können. Ein richtiges Gespräch entwickelte sich aber nicht, denn seine Freunde verstehen seinen Entschluss noch immer nicht und geben sich sehr wortkarg.
Martin ertappt sich dabei, dass er in Gedanken doch ein wenig abgeschweift ist. In seinen Händen hält er immer noch den Brief seines Vaters. Zögerlich öffnet er das Schriftstück und beginnt zu lesen:

An meinen Sohn Martin Luther!
Als erstes wundere dich nicht über meine Anrede an dich, wenn ich wieder das »Du« statt des hochachtungsvollen »Ihr« aus besseren Tagen verwende. Dein folgenreicher Entschluss aus dem vergangenen Sommer liegt nun schon ein halbes Jahr zurück, genügend Zeit also um wieder vernünftig zu werden. Aber wenn schon väterliche Bitten dich nicht wieder aus dem Kloster bringen, vielleicht ist es die Kälte in deiner unbeheizten Zelle, die deinen klammen Knochen zusetzt? Bedenke mein Sohn, das karge Leben in deiner Bettelanstalt lässt dich nicht alt werden! Du willst ein besonders gottgefälliges Leben führen, vergisst du dabei nicht das vierte Gebot? Du dienst einem Gott, den du eigentlich fürchtest, ja ich unterstelle dir sogar, du hasst diesen Gott sogar zuweilen! Wohin hat dich, mein Sohn, dein eitler religiöser Wahn gebracht? Vielleicht war er es, der dir ein Machwerk des Teufels vorgegaukelt hat, damals in dem Sommergewitter …
Wache auf, komme wieder zu Verstand, mein Sohn! Noch hast du deine ewigen Gelübde nicht abgelegt! Die Welt draußen könnte dir zu Füßen liegen!

Hans Luther, Hüttenmeister

Dieser Brief geht Martin nahe. Welche Gründe könnten ihn dazu bewogen haben, trotzdem im Kloster zu bleiben? Was könnte er seinem Vater geantwortet haben?

info

*Ein **Orden** (lat. ordo = Regel) ist eine Gemeinschaft, die nach bestimmten gemeinsamen Grundsätzen lebt. Eine der strengsten Regeln hatte sich der in Erfurt ansässige Augustiner-Eremiten-Orden gegeben.*

Rückblickend auf seine Klosterzeit schreibt Martin Luther:

»Wahr ist's, ein frommer Mönch bin ich gewesen und habe meine Ordensregel so streng gehalten, dass ich sagen darf: Ist je ein Mönch in den Himmel gekommen durch Möncherei, so wollte ich auch hineingekommen sein. Das werden mir bezeugen alle Klostergesellen… Denn ich hätte mich, wenn es noch länger gewährt hätte, zu Tode gemartert mit Wachen, Beten, Lesen und anderer Arbeit.«

Luther auf der Suche nach einem gnädigen Gott

In seinem Ordensoberen und Beichtvater Johannes von Staupitz fand Luther einen väterlichen Freund. Ihm erzählte er von seinen Gewissensqualen und der Angst davor, dass er mit seinen Sünden in gar nicht ferner Zeit vor Christus, den Richter, treten müsse. In vielen Beichtgesprächen bemühte sich von Staupitz den jungen Mönch zu trösten, indem er ihm klar zu machen versuchte, dass seine begangenen Sünden vor Gott doch nur gering seien.
Die Worte seines Beichtvaters halfen Martin jedoch immer nur für kurze Zeit. So kam es, dass das strenge Klosterleben und die Härte Luthers gegen sich selbst seinen Zustand stetig verschlechterten.
1510/1511 bot sich für Luther die Möglichkeit, dem eintönigen Kloster- und Universitätsleben für eine Weile zu entkommen, da er in einer Ordensangelegenheit der Augustiner nach Rom geschickt wurde. An diesem heiligen Ort wollte er als Pilger etwas für sein Seelenheil tun, doch in Rom wurde er zum ersten Mal direkt mit den kirchlichen Missständen konfrontiert. Luther berichtete später darüber Folgendes:

Szene aus dem Film »Luther«

»Nicht um viel Geld wollte ich nicht in Rom gewesen sein. Ich würde es nicht glauben, wenn ich's nicht selbst gesehen hätte. Denn die Gottlosigkeit und Bosheit ist dort so groß … Man lachte uns [dort] einfach aus, weil wir so fromme Mönche waren und hielt einen Christen für einen ausgemachten Narren … Gibt es eine Hölle, so steht Rom darauf.«

Martin Luther hatte sich von seiner Pilgerfahrt viel Trost versprochen. Kannst du dir denken, warum er sehr enttäuscht nach Hause kam?

info

Luthers Entdeckung, dass Gott von uns Menschen lediglich den Glauben an ihn erwartet, ist als so genanntes ***Turmerlebnis*** *in die Geschichte eingegangen. Diese Erkenntnis wandelte Luthers Gottesbild völlig: An die Stelle eines rachsüchtigen, zornigen Gottes trat der liebende Vatergott, der sich für seine Kinder hingibt.*

Luther ändert sein Leben zum zweiten Mal

Im Auftrag seines Ordens setzte Martin sein Studium in Erfurt fort, allerdings nicht mehr im Fach Jura, sondern in Theologie. Später wechselte er an die noch junge Universität im kleinen Städtchen Wittenberg und beendete hier erfolgreich sein Studium. Der dortige Kurfürst Friedrich der Weise wurde auf ihn aufmerksam und wollte ihn unbedingt in seiner Residenzstadt halten. So wurde Martin Professor für biblische Theologie und hielt nun seinerseits Vorlesungen für die Studenten.

Zwischen den Jahren 1514 und 1516 hielt Luther auch Vorlesungen über die biblischen Psalmen. Dabei stieß er immer wieder auf den Begriff der »Gerechtigkeit Gottes«. Darunter verstand er ursprünglich, dass Gott vom Menschen Taten erwartet, die dieser aber so nie erfüllen kann. Doch dann entdeckte er in den Briefen des Apostels Paulus ebenfalls den Begriff »Gerechtigkeit Gottes«, der ihm nun in einem ganz neuen Licht erschien:

Röm 1,17: »Denn darin wird offenbar die Gerechtigkeit, die vor Gott gilt, [...]: ›Der Gerechte wird aus Glauben leben‹.«

Und: Röm 3,28: »Für mich steht fest: Der Mensch wird ohne des Gesetzes Werke gerecht, allein durch den Glauben.«

Aufgrund dieser Bibelstellen erkannte Luther: Der liebende Gott schenkt uns seine Gerechtigkeit umsonst und das, obwohl der Mensch von sich aus immer ein Sünder bleibt. Der Mensch reagiert auf dieses wundersame Geschehen lediglich mit seinem festen Glauben an Gott. »Sola fide« (lat.: allein durch Glauben) erlangt der sündige Mensch die ersehnte Erlösung.

Luther machte diese Entdeckung in seiner Schreibstube im Turmzimmer seines Klosters. In der Folgezeit fand er immer mehr Stellen aus dem Evangelium, die diese reformatorische Erkenntnis untermauerten (z. B. Joh 3,16; Gal 2,16).

Kannst du die Erkenntnis Luthers mit eigenen Worten wiedergeben?

Kristina Holstein, 14 Jahre

»Tag und Nacht dachte ich unablässig darüber nach, bis Gott sich meiner erbarmte
und ich auf den Zusammenhang der Worte achtete … und [ich] begriff, dass dies der Sinn sei:
Durch das Evangelium wird die Gerechtigkeit Gottes offenbar …
Da fühlte ich, dass ich ganz und gar neugeboren und durch die geöffneten Pforten
in das Paradies selbst eingetreten war.«

MARTIN LUTHER

Bis zu seinem Turmerlebnis lastete auf Luthers Seele eine große Finsternis. Welchen Zusammenhang siehst du zwischen Luthers Erkenntnis und diesem Bild?

Die Freude über die befreiende »reformatorische« Erkenntnis kommt in dem folgenden Lied von 1523 zum Ausdruck. Luther verfasste es selbst mit Text und Melodie und verarbeitete dabei sein mühsames Suchen nach einem gnädigen Gott. Es findet sich heute noch im Evangelischen Gesangbuch (EG Nr. 341).

Nun freut euch, lieben Christen g'mein

Da jammert Gott in Ewigkeit mein Elend übermaßen;
er dacht an sein Barmherzigkeit, er wollt mir helfen lassen;
er wandt zu mir das Vaterherz, es war bei ihm fürwahr kein Scherz, er ließ's sein Bestes kosten.

Luther ändert sein Leben zum dritten Mal

Obwohl Martin Luther seine neue Glaubensfreiheit genoss und dies auch seiner Umwelt in zahlreichen Schriften nahe brachte, setzte er sein gewohntes Leben im Wittenberger Kloster noch längere Zeit fort. Allerdings sah er sich nicht mehr an die Ordensgelübde gebunden, da er an die Stelle des Mönchsgehorsams das eigene Gewissen jedes einzelnen Menschen setzte. Gut zu erkennen ist dies an der Abbildung rechts: Martin trägt zwar noch die Tracht eines Augustiners, das volle Haar widerspricht jedoch dem Erscheinungsbild eines Mönchs.
Ende 1524 war es dann soweit: Luther entledigte sich seines Mönchsgewandes und wurde Privatmann. An die Stelle eines gottgefälligen Klosterlebens trat die bürgerliche Arbeit, mit der jeder Christ ebenso Frömmigkeit in seinem Dasein beweisen kann. Allerdings wollte sich Luther mit dem Gedanken noch nicht so recht anfreunden, dass neben den verwirklichten Prinzipien **Arbeit** und **Gewissen** zur damaligen Zeit noch die Gründung einer Familie hinzukommen musste.

So könnte die katholische Gegenseite die Wandlung des Mönchs Luther zum Privatmann kommentiert haben:

• • • • PÄPSTLICHER ANZEIGER • • • •

Luther der Heiratsvermittler! – *Ein Exklusivbericht aus Sachsen*

Wir mussten bereits mehrfach von den im April 1523 aus dem Kloster Mariathron entlaufenen Nonnen berichten. Nachdem diese in den letzten Wochen fieberhaft gesucht wurden, um sie ihrer gerechten Strafe zuzuführen, müssen wir nun feststellen, dass der Unruhestifter Martin Luther wieder einmal gegen alle Gesetze verstoßen hat. Er hat die zwölf Nonnen bei sich aufgenommen und sie nacheinander sogar an seine Bekannten verheiratet. Es soll noch eine übrig sein, eine besonders widerspenstige Nonne namens Katharina von Bora aus verarmtem Adel, welche sogar ein Auge auf Luther geworfen haben soll. Eine Heirat wird er jedoch nicht wagen – sonst gnade ihm Gott!

Mit seiner Heirat am 13. Juni 1525 – wenige Wochen nach der gewaltsamen Niederschlagung der Bauernaufstände (s. S. 50) – überraschte Luther Freund wie Feind. Der Reformator wollte ein Zeichen setzen, allen Widrigkeiten zum Trotz. Und wirklich, die Ehe war glücklich sowie kinderreich und wurde das Urmodell für einen evangelischen Pfarrhaushalt. Katharina führte resolut das große Anwesen, denn die Lutherstube war ständiger Anlaufpunkt für (Pflege-)Kinder, Studenten und sonstige Besucher. Luther nannte seine Frau »Herr Käthe«, denn zu Hause hatte sie das Sagen!

Kinder des Ungehorsams

Lucas Cranach und Barbara begleiten Katharina die wenigen Schritte ins Schwarze Kloster, wo die Hochzeit gegen Abend stattfinden soll. Das Ehepaar nimmt Katharina in die Mitte, das Gesinde, bepackt mit der Aussteuer, folgt. Die Wittenberger schauen dem Zug mit großen Augen nach. Gleichzeitig mit der Braut trifft der Schlossprobst [Schlossverwalter] Justus Jonas im Schwarzen Kloster ein. Er drückt Katharina kurz an sich und übermittelt ihr Glückwünsche von seiner Frau. Johann Bugenhagen kommt angehastet, mit ihm der Jurist Johann Apel. Diese drei. Luther hat Melanchthon nicht eingeladen. Katharina hat Luther darum gebeten, da Melanchthon zu den Leuten gehört, die über diese Eheschließung ein hartes Urteil fällen. (...)
Als ranghöchster Geistlicher Wittenbergs und engster Berater Luthers nimmt Bugenhagen auch die Trauung vor. Er legt die Hände der Brautleute zusammen. Luthers Trauring (ebenso wie der Katharinas ein Geschenk des Kurfürsten) ist ein goldener Doppelreif mit hohem Kästchen, in dessen obere Fläche ein Diamant, das Sinnbild fester Treue, und ein Rubin, das Sinnbild reiner Liebe, eingelassen sind. (...) Katharina steckt Luther den Ring auf, er trägt ihn neben dem goldenen Doktorring. Als Luther ihr den Ring auf den Finger schiebt, fühlt sich Katharina einen Moment ermattet. Wie nach einem langen Lauf. Sie hat ihrem Dasein einen Inhalt gegeben. Ob es einen Sinn hat oder je haben wird, darüber hat Katharina bislang nicht nachgedacht, und sie will das auch in Zukunft nicht tun. Sie hat keine Wahl, sie hat noch niemals wählen können. Nicht, als sie Christus anvermählt wurde, und heute auch nicht. Und sie weiß, dass es Luther ähnlich ergeht. Auch er hat Katharina nicht freiwillig gewählt, wer wüsste das besser als sie? Doch jetzt sind sie in Gottes und Jesu Christi Namen und im Beisein der höchsten Geistlichkeit Wittenbergs getraut. Punktum. Jetzt ist sie Katharina Luther. (...)
Katharina erwacht sehr früh. (...) Luther neben ihr schläft noch fest. Er hat sich auf die Seite gerollt und so fest zugedeckt, dass nur sein verwuscheltes Haar zu sehen ist. Leise steht Katharina auf und geht in die Küche, die eher eine Rußkammer ist. Wohl die Ruine dessen, was sie früher doch einmal gewesen sein muss, als immerhin vierzig Mönche im Kloster lebten. Jetzt ist sie jedenfalls leer und schmutzig. Außer der einen Feuerstelle am Herd ist nichts mehr vorhanden. Die Magd hat ausgekehrt, immerhin. Katharina seufzt, als ihr das Feuerschlagen nicht gelingt. (...)

Jetzt, das Reisig hat Feuer gefangen. Während die Flämmchen immer lebendiger und größer werden, sucht Katharina in ihrem Gepäck nach dem Zahnpulver. Kräftig reibt sie sich die Zähne ab und kämmt dann gründlich ihr Haar. Dabei beugt sie den Kopf nach vorn. In dieser Haltung, glaubt Katharina, kann sie am besten denken. Als Erstes wird dieser gestampfte Lehmboden, auf dem sie steht, Stein- oder Keramikfliesen bekommen. Alles andere ist Stückwerk. Schon das bisschen Zähnespülen und Waschen hat eine schmutzige Lache verursacht. Also, die Küche muss gefliest, die Wände gekalkt werden. Ein Kamin muss her gegen den Rauch, ein Backofen muss her fürs Brot. Und eine Badestube ist dringend notwendig. Wo haben bloß die Augustiner gebadet? Lediglich einen Badezuber hat Katharina in einer Zelle gefunden. (...)
Also, dafür wird Katharina als Erstes sorgen. Unter dem bestialisch stinkenden Abort muss eine Wasserleitung fließen, die den Unrat wegschwemmt. Alles andere ist unerträglich. Katharina will, wie sie es aus Marienthron kennt, Blei- und Holzleitungen legen lassen, durch die das Wasser zum Kochen und Waschen in die Küche geleitet werden kann. Sie will eine Kammer für die Vorräte, sie will, sie will, sie will ...

Asta Scheib

Man sagt, hinter berühmten Männern steht oft auch eine tatkräftige Ehefrau. Fallen dir dazu weitere Beispiele ein?

Luthers 95 Thesen und deren Folgen

info *Unter **Reformation** (lat. »Erneuerung«) versteht man den Versuch, eine Sache so umzugestalten, dass sie sich wieder an ihren ursprünglichen Grundlagen orientiert.*

Als Folge seiner reformatorischen Erkenntnis und angesichts seiner Erfahrungen mit der damaligen Kirche sah sich Luther zum Handeln gezwungen.

Eine Quelle berichtet von Missständen in der spätmittelalterlichen Kirche:
»Es hat sich auch oftmals (…) herausgestellt, dass die Priester nach solchem Trinken (…) ohne zu schlafen zum Altar gehen um die göttlichen Ämter zu vollbringen. Wenn in einer Gemeinde ein Kind, eine Frau oder ein Mann stirbt, belasten sie die Erben für die Friedhöfe und die Trauergottesdienste so hoch, dass es kaum in der armen Leute Vermögen steht. (…) Es ist auch jetzt allenthalben fast bei allen Priestern in den Städten und auf dem Lande üblich geworden, dass sie ohne Scheu ihre Geliebte und ihre Kinder öffentlich bei sich haben, dieselben mit zu Hochzeiten und Trauerfeierlichkeiten und zum Wein in öffentliche Wirtshäuser führen.«

Nonnen und ein Abt auf dem Heinweg von einem Trinkgelage, Holzschnitt, um 1450

Warum brechen die Mönche auf dem Heimweg von einer Festveranstaltung gerade auf dem Rückweg in das Eis ein und sind auch nicht mehr fähig aufrecht zu gehen?

Trotz der offensichtlichen Missstände innerhalb der Kirche bestimmte die Religion weitgehend das Leben der einfachen Leute. Je verkommener sich die Amtskirche zeigte, desto verzweifelter wurde die Sehnsucht der Menschen, Gott nahe zu sein. Man flehte in einer noch nie da gewesenen Frömmigkeit die Heiligen an und tat alles, um Gott zu gefallen und die Seligkeit vielleicht doch noch zu erlangen. Manche Menschen allerdings brachten den Mut auf und forderten eine Reform der Kirche an »Haupt und Gliedern«:

John Wyclif aus England

O ihr Gläubigen! Besinnt euch auf die eigentliche Botschaft von Jesus – die Kirche ist zu mächtig und vor allem zu reich!

In der damaligen Zeit war es sehr gefährlich so offen Kritik an der Kirche zu üben. John Wyclif etwa wurde von der Kirche verdammt und sein Grab geschändet. Ein anderer, Jan Hus aus Böhmen, wurde trotz einer Schutzzusicherung des Kaisers gefoltert und bei lebendigem Leibe auf dem Scheiterhaufen verbrannt.

info *Unter einer **These** versteht man einen Streitsatz, der zu einem bestimmten Thema vorgetragen wird und in einer späteren »Disputation« (= Streitgespräch unter Gelehrten) diskutiert werden soll.*

*Der **Ablass** ist ein Angebot der römischen Kirche, um die für einen Christen nach dem Tod zu erwartende Zeit im Fegefeuer zu verkürzen. Sie ist nötig, damit die im Leben begangenen »kleinen« Sünden abgebüßt werden.*

Ein bequemer Weg, um frei von Sünden zu werden?

Ein Ablassbrief bedeutete im Spätmittelalter gefüllte Kassen für die Kirche sowie ein erleichtertes Gewissen für die Gläubigen. Ursprünglich sollte ein gekaufter Ablassbrief die Bußstrafen, die man für »kleinere« Sünden nach der Beichte auferlegt bekam, abgelten. Da aber der Bau der neuen Peterskirche in Rom finanziert werden musste und der für Luthers Gemeinde zuständige Erzbischof Albrecht einen hohen Finanzbedarf hatte, wurde der berüchtigte Dominikanermönch Johannes Tetzel beauftragt in der Nähe von Wittenberg den Ablassverkauf durchzuführen. Luther erfuhr von Tetzels marktschreierischem Wirken erst dadurch, dass die Menschen, die bei ihm die Beichte ablegten, sich nicht mehr die üblichen Bußstrafen auferlegen ließen, sondern ihm die ausgefertigten Ablassbriefe präsentierten. Der Satz des Ablasspredigers »Sobald das Geld im Kasten klingt, die Seele aus dem Fegfeuer springt« hatte die Wittenberger überzeugt, ja sie glaubten sogar, dass man mit dem Kauf eines solchen Briefes auch Verstorbenen noch helfen könne. Da Luther der Meinung war, dass diese Praxis nicht mit der Lehre der Kirche übereinstimmt und damit viele Gläubige in die Irre geführt werden, verfasste er dazu seine 95 Thesen.

Ablasshandel.
Holzschnitt von Lucas Cranach

Diese schickte er am 31. Oktober 1517 an Erzbischof Albrecht von Mainz; deshalb feiern noch heute evangelische Christen jedes Jahr an diesem Tag das Reformationsfest.

***»Jeder Christ, der wirkliche Reue zeigt, hat Anspruch auf den völligen Erlass von Strafe und Schuld, auch ohne Ablassbrief«** (These 36)*
***»Daher irren all die Ablassprediger, welche erklären, dass der Mensch durch den Ablass des Papstes von jeder Strafe los und frei werde«** (These 21)*
***»Folglich wird der größte Teil des Volkes betrogen, wenn man ihm … verspricht, er sei die Strafe los«** (These 24)*

Die Hoffnung Luthers, mit den Thesen einen wissenschaftlichen Disput über den Ablass zu erwirken, erfüllte sich nicht. Dagegen wurden seine Streitsätze von Leuten aus seinem Umfeld in Druck gegeben und als Flugblätter unter das Volk gebracht, so dass sie schnelle Verbreitung fanden. Die darin enthaltene Botschaft verbreitete sich wie ein Lauffeuer, denn es war genau das, was viele dachten, aber keiner so auszusprechen wagte. Luther selbst war von dem Echo höchst überrascht. Leute mit Weitblick ahnten aber jetzt schon die Tragweite des Geschehens.

- Welche heutigen Missstände könnten dich dazu bringen, selbst Thesen zu formulieren?

Der Mönch Luther tritt eine Lawine los…

info
*Unter einem **Ketzer** versteht man einen Menschen, der Gedanken verkündet, die von der Lehre (= Dogma) der Amtskirche abweichen und deshalb von dieser als Irrlehre bezeichnet werden.*

1517
Gegen den Ablassmissbrauch schreibt Luther seine 95 Thesen und veröffentlicht diese am 31.10.1517. Vielleicht hat er sie sogar an die Tür der Schlosskirche zu Wittenberg angeschlagen.

1517
Luther wird von Tetzel bei der Kurie (= oberste Kirchenbehörde in Rom) angezeigt. Diese interessiert sich allerdings wenig dafür. Vorrangig ist die bevorstehende Königswahl, da der alte Herrscher Maximilian im Sterben liegt und somit Neuwahlen anstehen.

1518
Luthers Landesherr, Kurfürst Friedrich der Weise, der auf seinen bekannten Universitätsprofessor stolz ist, hat eine entscheidende Stimme bei der Königswahl. Da Rom seinen Kandidaten durchsetzen will, verschleppt man ein direktes Vorgehen gegen Luther.

Durch diese Verzögerungen verliert die Kirche wertvolle Zeit und der Bekanntheitsgrad Luthers im Volk nimmt zu.

1518
Luther wird lediglich verhört und muss Kardinal Cajetan Rede und Antwort stehen.

1519
Kaiser Maximilian stirbt. Die Kirche kann es nicht verhindern, dass der junge Karl von Spanien zum deutschen König gewählt wird.

1519
Da man nun keine Rücksicht mehr nehmen muss, kann Rom den Ketzerprozess vorantreiben.

und bringt sich dadurch selbst in Gefahr …

info

*Durch den **Bannspruch** des Papstes (Exkommunikation) wird der Abweichler (Ketzer) aus der kirchlichen Gemeinschaft ausgeschlossen. Er verliert damit alle kirchlichen Rechte; er darf also nicht mehr am Abendmahl teilnehmen oder in geweihter Erde bestattet werden.*

1519
Luther wird erneut verhört. Dabei zeigt sich aus der Sicht der Kirche, dass er ketzerische Ansichten vertritt.

1520
Luther wird der Kirchenbann angedroht, sofern er nicht binnen 60 Tagen widerruft. Erste Schriften Luthers werden in der Folgezeit verbrannt.

Dezember 1520
Luther bricht mit der Kirche und verbrennt öffentlich die Bannandrohungsbulle sowie das Kirchenrecht.

Januar 1521
Der Papst exkommuniziert Luther. Dieser gilt damit offiziell als Ketzer und ist verdammt.

April 1521
Luther wird auf den Reichstag zu Worms geladen, denn eine Exkommunikation seitens der Kirche zieht ein weltliches Gericht nach sich.

Mai 1521
Da Luther sich am 18. April auf sein Gewissen beruft und deshalb seine Lehre nicht, wie gefordert, widerruft, spricht der Reichstag über Luther die Reichsacht (»Wormser Edikt«) aus, d. h. er wird für vogelfrei erklärt.

Nachdem die Kirche gegen Luther noch nichts Konkretes unternehmen konnte, verfasste und veröffentlichte dieser seine drei großen Hauptschriften: »An den christlichen Adel deutscher Nation – Von des christlichen Standes Besserung«, » Von der Freiheit eines Christenmenschen« und »Von der babylonischen Gefangenschaft der Kirche«. In ihnen kritisiert er das Papsttum, den Priesterstand und die »guten« Werke der Gläubigen.

Widerrufen kann und will ich nichts, weil es weder sicher noch geraten ist, etwas gegen sein Gewissen zu tun. Gott helfe mir, Amen.

Bilder der Doppelseite: Szenen aus dem Film »Luther«

Luther taucht unter

»O Gott, ist Luther tot, wer wird uns hinfort das heilige Evangelium so klar vortragen? «

ALBRECHT DÜRER IN SEINEM TAGEBUCH

Lucas Cranach d. Ä., Luther als Junker Jörg

Luther als Junker Jörg

Nach seinem mutigen Auftreten vor den versammelten Großen des Reiches begab sich Luther auf die Rückreise in seine Heimat Sachsen. Kaiser Karl V. ließ ihn zähneknirschend ziehen, da er ihm zuvor freies Geleit zugesichert hatte und sich an sein Wort gebunden fühlte. Aber Karl ahnte schon, dass er mit der Vorladung des Augustinermönchs auf den Reichstag einen Fehler begangen hatte: Luther konnte so vor aller Öffentlichkeit seine Lehren darlegen. Da er seine Schriften also nicht widerrief, wurde auf Betreiben des Kaisers über ihn die Reichsacht verhängt und er damit für vogelfrei erklärt. Jeder, der seiner habhaft werden konnte, sollte ihn an den Kaiser ausliefern.

Martin Luther, inzwischen auf seiner Heimreise bis zum thüringischen Altenstein vorangekommen, bekam von den Entscheidungen in Worms nichts mit, sah sich aber plötzlich Anfang Mai 1521 im Wald von einer kleinen Reiterschar umzingelt. Diese entführte ihn mit Waffengewalt und brachte ihn auf die nahe Wartburg. Dort entpuppte sich alles als ein vorgetäuschter Überfall, der von Luthers Landesherrn Friedrich dem Weisen befohlen worden war. Der sächsische Kurfürst wollte seinen Mönch vorübergehend aus dem Verkehr ziehen, bis über den »Fall Luther« ein wenig Gras gewachsen sein würde.

Die Kunde vom Verschwinden Luthers verbreitete sich im Reich wie ein Lauffeuer und die wildesten Gerüchte machten die Runde. Unter der Anhängerschar des Reformators schwankte die Stimmung zwischen Empörung und der Befürchtung, dass ihm etwas zugestoßen sein könnte. Derweil musste Luther als »Junker Jörg« auf der Wartburg eine falsche Identität annehmen und sich die Haare wachsen lassen. Die ritterlichen Gewänder machten die Täuschung perfekt.

So verbrachte er insgesamt zehn Monate zurückgezogen auf der Burg, während seine Mitstreiter in Wittenberg, mit denen er übrigens in heimlichem Briefverkehr stand, die gemeinsame Sache weiter voranbrachten. Erst als dort Unruhen ausbrachen und sogar Kirchen geplündert wurden, verließ er seinen sicheren Unterschlupf und sorgte für Ordnung in Wittenberg.

Die Wartburg bei Eisenach

info *Luthers Übersetzung des Neuen Testaments erschien im September des Jahres 1522. Dieses sogenannte* ***Septembertestament*** *ist der erste Teil von Luthers Bibelübersetzung, welche er bis 1534 vollendete. Die Bedeutung der Heiligen Schrift ist seit der Reformation bis heute ungebrochen und für evangelische Christen genießt sie höchste geistliche Autorität. Luther prägte damit zugleich die Entwicklung einer einheitlichen deutschen Hochsprache.*

Die Zwangspause auf der Wartburg nutzte Luther zur Übersetzung des Neuen Testaments in die deutsche Sprache. Bibeln in der Landessprache gab es schon seit geraumer Zeit. Sie stellten aber lediglich eine wörtliche Übersetzung der damals von der Priesterschaft verwendeten Bibel in einem schlechten Latein dar, so dass die bis zu diesem Zeitpunkt erschienenen deutschen Bibeln kaum verständlich waren.

Luther wagte etwas Neues: Er übersetzte den Bibeltext direkt aus dem griechischen Urtext, der von einem der größten Gelehrten seiner Zeit, Erasmus von Rotterdam, herausgegeben worden war. Mit unermüdlichem Fleiß machte er sich an die Arbeit, sodass bereits nach drei Monaten sein sprachliches Meisterstück vorlag. Später übersetzte er dann auch das Alte Testament aus dem hebräischen Urtext. Dieses erschien 1534.

Eines der schönsten Beispiele für Luthers kraftvolle und lebendige Sprache stellt die Übersetzung des 23. Psalms dar:

Bibel Johann Mentelins, Straßburg 1466

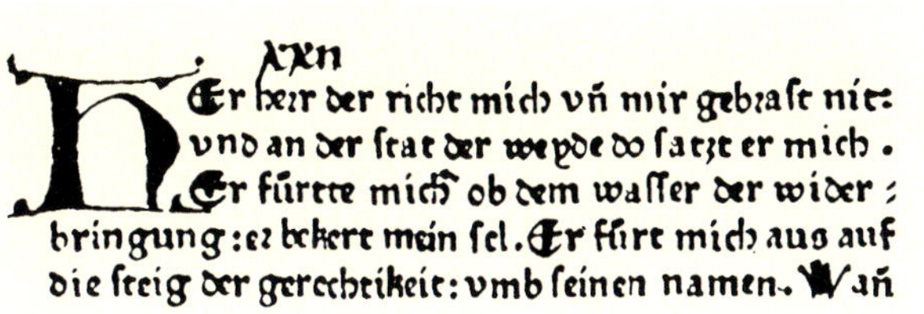
XXII
Er herr der richt mich vñ mir gebrast nit: vnd an der stat der weyde do satzt er mich. Er fürtte mich ob dem wasser der wider: bringung: er bekert mein sel. Er fürt mich aus auf die steig der gerechtikeit: vmb seinen namen. Wañ

Lutherhandschrift, Übersetzung des 23. Psalms

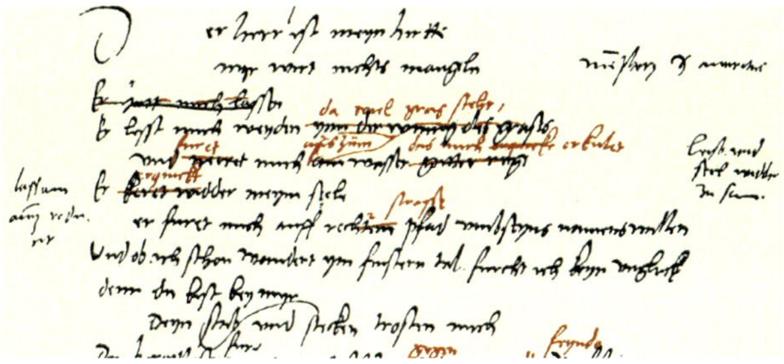

Mentelin-Bibel 1466:

Der herr, der richt mich und mir gebrast nit,
und an der stat der weyde, do satzt er mich.
Er fürtte mich ob dem wasser der widerbringung:
er bekehrt mein sel.
Er fürt mich aus auf die steig der gerechtikeit:
umb seinen namen.

Luther-Bibel 1534:

Der Herr ist mein Hirte, mir wird nichts mangeln.
Er weidet mich auf einer grünen Auen.
Und führet mich zum frischen Wasser.
Er erquicket meine Seele,
er führet mich auf rechter Straße,
um seines Namens willen.

Der große Verkaufserfolg, von dem übrigens Luther finanziell nicht profitierte, bewies, dass das Volk wissen wollte, was in den Bibeltexten wirklich steht. In der Kenntnis der Bibel konnte damit der einfache Mensch der Geistlichkeit ebenbürtig sein.

Luther träumte von einem »allgemeinen Priestertum aller Gläubigen«. Inwiefern konnte seine Bibelübersetzung diesem Ziel dienen?

Luthers dunkle Seiten

info *Unter der Bezeichnung* ***Bauernkrieg*** *versteht man eine Welle von Aufständen in den Jahren 1524/25. Auf ihrem Höhepunkt zogen Bauernhorden plündernd und mordend durch Süddeutschland. Zur führenden Gestalt wurde dabei der ehemalige Weggefährte Luthers, Thomas Müntzer.*

Luther und seine Haltung im Bauernkrieg

Die unterdrückte Landbevölkerung berief sich auf das Evangelium und den von Luther formulierten Begriff der »Freiheit eines Christenmenschen«. Luther wollte aber gerade mit dieser Schrift die Vermischung von kirchlichen und weltlichen Dingen verhindern. Daher war ein Christ für ihn zwar im Bereich des Glaubens ein freies Wesen, gegenüber der Obrigkeit aber »ein dienstbarer Knecht und jedermann untertan – durch die Liebe«.

Während des Aufstands ermahnte Luther noch die Fürsten und riet zur Mäßigung, später aber forderte er sie in unmissverständlichen Worten auf, die revoltierenden Gruppen zu zerschlagen, da Aufruhr für ihn eine Sache des Teufels war. Die Anführer sollten seiner Meinung nach sogar hingerichtet werden, weil sie den Treueschwur gegenüber ihren Herren gebrochen hatten.

Aus den »12 Artikeln« der Bauern von 1525:

1. Es ist unsere demütige Bitte und unser Wunsch, dass jede Gemeinde den Pfarrer selbst wählen soll.
3. Bisher hat man behauptet, wir seien Abhängige. Nun hat aber Christus alle ... erlöst – den Hirten ebenso wie den Höchsten.
4. Bisher ist es Brauch gewesen, dass kein Untertan Wild, Geflügel oder Fische fangen durfte. Dies ... entspricht nicht dem Worte Gottes.
6. Wir begehren, nicht so hart belastet zu werden ...
7. Wenn die Herren Dienste nötig haben, so soll ihnen der Bauer willig und gehorsam sein; aber nur ... gegen eine angemessene Bezahlung.

»Darum, liebe Herren, höret her, rettet hier, helft hier, erbarmt euch der armen Leute. Steche, schlage, würge hier, wer da kann... So bitte ich nun, fliehe vor den Bauern, wer da kann, wie vor dem Teufel selbst... Dünkt das jemand zu hart, der bedenke, dass Aufruhr unerträglich ist...«

Martin Luther in: »Wider die räuberischen und mörderischen Rotten der Bauern«

Gefangene Bauern, Holzschnitt

Welche dieser Forderungen der Bauern hätte Luther wohl unterstützt? Versuche deine Meinung zu begründen!

»Es stimmt aber alles ..., dass sie [die Juden] giftige, bittere, rachgierige, heimische Schlangen, Meuchelmörder und Teufelskinder sind, die heimlich stechen und Schaden tun, weil sie es öffentlich nicht vermögen.«

Martin Luther 1543 in seiner Schrift: »Von den Juden und ihren Lügen«

Äußerungen Luthers fordern zur Kritik heraus

Das Zusammenleben der Bevölkerungsmehrheit mit der Minderheit der Juden war in Deutschland seit jeher ein trauriges und unrühmliches Thema. Nicht nur in jüngerer Vergangenheit wurden diese von ihren nichtjüdischen Mitbürgern und Mitbürgerinnen diskriminiert und sogar verfolgt, dies war auch schon zur Zeit Luthers so. Der Reformator selbst bestätigte und verstärkte durch seine Schriften sogar noch antijüdische Vorurteile, wie etwa, dass die Juden es aufgrund ihrer Profitgier auf das Geld ihrer Mitbürger abgesehen hätten. Anfangs war der junge Luther den Juden noch recht gewogen und bezeichnete sie als »Vettern und Brüder des Herrn«. Da er aber nach einigen Jahren erkennen musste, dass die Vertreter des Volkes Israel entgegen seinen Erwartungen das durch ihn verkündete Evangelium dennoch nicht annahmen, wandelten sich seine Äußerungen über die Juden derart ins Negative, dass wir heute seine späten Schriften über die Juden als unverzeihliche Verirrungen betrachten müssen.

So ließ sich der späte Luther dazu hinreißen, einige verabscheuungswürdige Forderungen aufzustellen; er meinte, man solle die Synagogen der Juden verbrennen, die Häuser zerstören, die religiösen Schriften einziehen, ein Lehrverbot erteilen, Verbote zum Zinshandel und zum Reisen aussprechen und die Juden zum Arbeitsdienst heranziehen.
Solche Äußerungen können heute nicht unwidersprochen bleiben. So formulierte dazu die evangelisch-lutherische Kirche von Amerika 1994:

Wir müssen »uns auch zu Luthers antijüdischen Hetzreden und den gewalttätigen Empfehlungen seiner späten Schriften gegen die Juden schmerzlich bekennen« ... Wir lehnen »diese harten Beschimpfungen ab und darüber hinaus drücken wir unseren tiefen und anhaltenden Kummer über deren tragische Auswirkungen auf nachfolgende Generationen aus.«

Ähnlich lauten auch die Erklärungen der deutschen evangelischen Landeskirchen.

Aus der geschichtlichen Erfahrung heraus erwächst für die Christen eine besondere Verpflichtung gegenüber den Juden. Was kann man zur Verständigung der beiden Religionen tun?

Die letzten Jahre

info *Unter einem **Katechismus** versteht man ein in Frage und Antwort abgefasstes Lehrbuch des christlichen Glaubens. Den von Luther verfassten sogenannten »Kleinen Katechismus« findest du in deinem Gesangbuch.*

Luthers Werke überdauern die Zeit

Luther setzte seit den Vorfällen des Bauernkrieges auf die fürstliche Macht. Da nach Auffassung des Reformators der Landesherr die von Gott eingesetzte Obrigkeit darstellte, bekam dieser nun die Funktion eines »Notbischofs« für das betreffende Herrschaftsgebiet.

Die Entscheidung Luthers, sich ganz auf die Seite der Fürsten zu schlagen, rettete zwar die reformatorische Bewegung, sein Modell der Kirchenordnung hatte aber auch manche Schattenseiten, die sich gerade in jüngster Vergangenheit als sehr nachteilig erwiesen.

Im neuen Kurfürsten von Sachsen, Johann dem Beständigen, fand er ab 1525 einen Partner, mit dem er das Vorhaben einer Landeskirche verwirklichen konnte.

Nachdem die Strukturen der alten Papstkirche in Luthers Reformation nicht mehr galten, war der Aufbau einer neuen Ordnung vorrangig. Der Brief Luthers an seinen Landesherrn lässt ein düsteres Bild der damaligen Situation erahnen:

»Die Pfarreien liegen überall elend; da gibt niemand, da bezahlt niemand. So achtet der gemeine Mann weder Predigt noch Pfarrer. Wenn hier nicht eine tapfere Ordnung und staatliche Erhaltung der Pfarrer vorgenommen wird, gibt es in kurzer Zeit weder Pfarrhöfe, noch Schulen, noch Schüler, und so wird das Wort Gottes zu Grunde gehen. Eure Kurfürstliche Gnaden wird wohl Mittel finden. Es sind Klöster, Stifte, Kirchengüter und dergleichen Dinge genug vorhanden, wenn nur Eure Gnaden Befehle erteilt diese zu besichtigen, zu berechnen und zu ordnen.«

Die lutherischen Reformer waren sich darin einig, dass der Reformation nur zum Durchbruch verholfen werden könne, wenn die neue Lehre richtig dem Volk nahe gebracht würde. Zu diesem Zweck verfasste man Flugschriften, spezielle Lieder oder neu zusammengestellte Gesangbücher. Damit die Menschen diese Schriften auch verstehen konnten, bemühten sich die Reformatoren um den Aufbau eines Schulwesens. Jeder sollte sich selbst das Wort Gottes aus der Bibel heraus erschließen können.

Allerdings mussten Luther und seine Mitstreiter bestürzt zur Kenntnis nehmen, dass es vor allem bei den Pfarrern mit dem Wissen um die neue Glaubenslehre nicht zum Besten bestellt war. Daher verfasste Luther für die Pfarrer sowie Lehrer den ausführlichen »Großen Katechismus« und für die Hausväter und Familien den schlichten »Kleinen Katechismus«.

Luther sucht mit seiner Kirchenordnung die Nähe des Fürsten bzw. des Staates. Kannst du dabei Gefahren erkennen, die aus dieser »Partnerschaft« erwachsen können?

info *Luthers Liebe zur Musik begleitete ihn zeitlebens. Schon früh erkannte er, dass Kirchenlieder in deutscher Sprache für die reformatorische Bewegung sehr förderlich waren. So verfasste er nahezu vierzig Stücke, wobei oftmals auch die Melodie aus seiner Feder stammte.*

In seinem bekanntesten Lied verwendete Luther den 46. Psalm als Vorlage (EG Nr. 362):

Ein feste Burg ist unser Gott

Dieses wohl bekannteste Lutherlied wurde zum »Kampflied« der Reformation. Findest du Hinweise, die diese Bezeichnung rechtfertigen?

Luther trug seine Liebe zur Musik nicht nur nach außen. Auch innerhalb seiner Familie wurde in Wittenberg abends musiziert und gesungen. Der Reformator hatte das Glück, mit seiner stetig wachsenden Kinderschar ein recht beschauliches Leben führen zu können. Weitgehend unberührt von den stürmischen Zeiten in Europa zeigte sich Luther als der zärtliche Familienvater, der sich mit den Alltagsproblemen eines Hausstandes befassen musste. So ist es auch letztlich nicht überraschend, dass ein Mann wie er, der mit seiner Kritik die alte Papstkirche in ihren Grundfesten erschüttert hatte, nicht durch Schwert oder Feuer qualvoll starb, sondern friedlich in seinem Bett. Seine letzte Reise führte ihn in seine Geburtsstadt Eisleben, wo er eine Streitigkeit unter den dort ansässigen Grafen zu schlichten versuchte. Am 18. Februar 1546 starb er; sein Grab befindet sich auch heute noch in der Schlosskirche von Wittenberg.

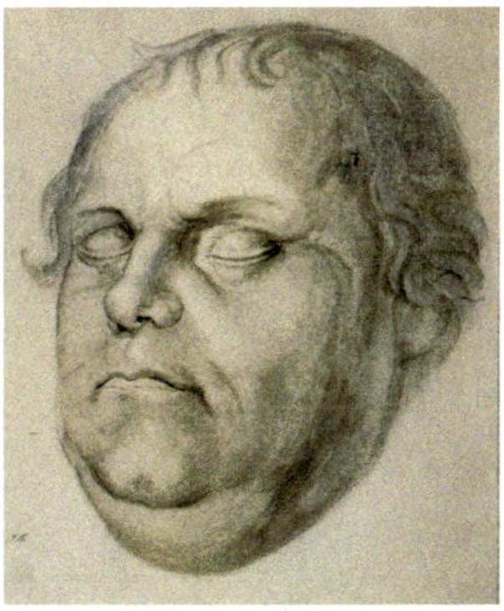

Lukas Furtenagel, Luther auf dem Totenbett, 1546

Auswirkungen der Reformation

info *Unter einer **Konfession** (lat. »confessio« = ich bekenne) versteht man eine Glaubensgemeinschaft, deren Glaubenslehre in einem Bekenntnis niedergelegt ist.*

Der neue Glaube gibt sich eine Ordnung …

Im Jahr 1530 trafen sich die mächtigsten Vertreter des Reichs in der Stadt Augsburg, um dort die wichtigsten Ziele der Politik und die offene Religionsfrage zu besprechen. Geladen hatte zu diesem Gipfeltreffen der frisch ernannte Kaiser Karl V., der dringend einen Ausgleich zwischen den verfeindeten religiösen Lagern im Reich anstrebte. Die Bedrohung durch die Türken, die im Vorjahr schon die Stadt Wien belagert hatten, verlangte nach einem dauerhaften Frieden innerhalb des Reiches. Man zeigte sich der protestantischen Seite gegenüber kompromissbereit und bot ihr die Gelegenheit, ihren Glauben schriftlich darzulegen.
Diese Aufgabe übernahm der wegen seiner Gelehrsamkeit berühmte Philipp Melanchthon, ein enger Vertrauter Luthers. Melanchthon schlug in seiner Bekenntnisschrift einen versöhnlichen Ton an und unterstrich in ihr grundsätzliche Übereinstimmungen mit der katholischen Lehre. Am 25. Juni 1530 übergaben schließlich die evangelischen Reichsstände die sogenannte **Confessio Augustana** (Augsburger Bekenntnis) feierlich den altgläubigen Vertretern auf dem Reichstag. Der allgemeine Ausgleich ließ sich allerdings nicht verwirklichen, da viele Vertreter beider Seiten ein zu weites Entgegenkommen zu verhindern wussten.
Der Kaiser selbst ließ eine Gegenschrift formulieren und drängte zudem auf eine Gefangennahme Luthers. Damit war die letzte Chance einer Kircheneinheit vertan.

Johann Dürr, Reichstag zu Augsburg 1530: Überreichung der Augsburgischen Konfession an Kaiser Karl V

»Erstlich, dass unsere Werke uns nicht mit Gott versöhnen und uns nicht Gnade erwerben können, sondern das geschieht allein durch Glauben … Wer nun meint, das durch Werke zu erreichen und dadurch Gnade zu verdienen, der verachtet Christus und sucht einen eigenen Weg zu Gott gegen das Evangelium.«

AUS DER »CONFESSIO AUGUSTANA«, ARTIKEL 20: RECHTFERTIGUNGSLEHRE (VGL. S. 40)

Das Augsburger Bekenntnis hat sich seine Bedeutung bis in die heutige Zeit bewahrt. Deshalb findest du es im letzten Abschnitt deines Gesangbuches vollständig abgedruckt. Es ist spannend einmal nachzulesen, welche Dinge uns evangelisch-lutherischen Christen wichtig sind!

Unter **Protestanten** versteht man heute eine große Gruppe von Christen (ca. 375 Millionen weltweit), deren Glaubensgemeinschaften direkt in der Reformation oder in ihrem Umfeld entstanden sind. Der Begriff zielte ursprünglich auf eine Gruppe von Fürsten ab, die 1529 auf dem Reichstag von Speyer protestierten, als auf Betreiben der im katholischen Glauben verbliebenen Fürsten das »Wormser Edikt« gegen die Anhänger Luthers durchgesetzt werden sollte.

... und schafft sich einen Platz im Reich

Kurz vor seinem Tod musste Martin Luther noch miterleben, wie sich die Gräben zwischen den Anhängern der Reformation, zu denen mittlerweile auch einige der mächtigsten Reichsfürsten gehörten, und der katholischen Gegenseite mit Kaiser Karl an der Spitze immer weiter vertieften. Dieser wollte die Religionsfrage mit Gewalt lösen. Es kam am 24. April 1547 zur Entscheidungsschlacht bei Mühlberg an der Elbe, die dem protestantischen Lager eine vernichtende Niederlage bescherte. Militärisch waren die Protestanten besiegt, die reformatorische Idee hatte aber im Volk eine so breite Basis, dass der neue Glaube weiterlebte. Karl V. erkannte, dass er trotz des Sieges seine Ziele nicht verwirklichen konnte, deshalb zog er sich zurück und übertrug seinem Bruder Ferdinand die Reichsverwaltung. Dieser wiederum musste erkennen, dass ein Regieren gegen die immer mächtigeren Reichsfürsten mittlerweile unmöglich war und man um einen Ausgleich in der Religionsfrage nicht mehr herum kam.

Im Jahr 1555 wurde schließlich auf einem Reichstag ein Ausgleich zwischen den beiden konfessionellen Lagern gefunden. Man setzte folgende Punkte fest:

- Die Gruppe der Protestanten, die sich auf das Augsburger Bekenntnis berief, wurde im Reich als zweite Konfession anerkannt.
- Der Landesherr bestimmte fortan den Glauben, der in seinem Gebiet herrschen sollte. Alle mussten sich danach richten oder in andere Regionen im Reich abwandern.
- Den Anhängern der Reformatoren Zwingli oder Calvin, die inzwischen eigene Bekenntnisse ausgebildet hatten, wurde der Ausgleich nicht gewährt.

Dieser sogenannte »Augsburger Religionsfrieden« brachte zwar dem Reich eine Verschnaufpause in der Religionsfrage, gelöst wurden die Probleme damit allerdings nicht. Dies sollte sich ein paar Generationen später im schrecklichen Dreißigjährigen Krieg rächen ...

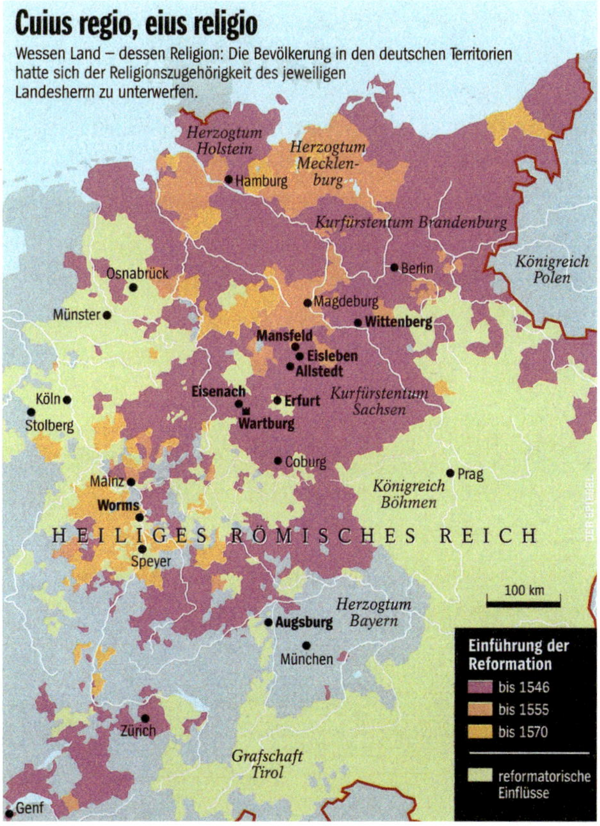

Nach den Beschlüssen von 1555 entstanden konfessionell voneinander scharf abgegrenzte Gebiete, die auch nach Jahrhunderten noch erkennbar sind. Kennst du derartige unsichtbare Konfessionsgrenzen in deiner Region?

Leben im Vertrauen auf die Rechtfertigung

info **Rechtfertigung** *bedeutet, dass Gott den Menschen trotz seiner Sünden für gerecht erklärt, d. h. Gott macht den Menschen so, wie er vor Gott sein soll.*

Sitzen geblieben

Max Hunziker, Umarmender Engel

Ich kam mit dem Schulzeugnis nach Hause, in dem ein schrecklicher Satz zu lesen war, ein Satz, vor dem mein ganzes Dasein zerbrechen wollte. Ich ging mit diesem Satz große Umwege, wagte mich nicht mit ihm nach Hause, sah immer wieder nach, ob er nicht plötzlich verschwunden war, doch er stand immer da, klar und deutlich. Als ich schließlich doch nach Hause kam, weil ich nicht die Kühnheit hatte, mich als Schiffsjunge nach Amerika anheuern zu lassen, saß bei meinen Eltern Fritz W. Was machst du denn für ein betrübtes Gesicht, rief er mir zu. Ist es ein schlechtes Zeugnis, fragte meine Mutter besorgt, und mein Vater blickte mich an, als sehe er alles Unheil der Welt hinter mir aufgetürmt. Ich reichte das Zeugnis meiner Mutter hin, aber Fritz riss es mir aus der Hand und las es schon und brach in schallendes Gelächter aus. Nicht versetzt, rief er, und schlug sich mit seiner kräftigen Hand auf die Schenkel. Nicht versetzt, rief er noch einmal, während meine Eltern abwechselnd ihn und mich verstört anstarrten, und zog mich zu sich heran und schlug mir auf die Schulter. Nicht versetzt, genau wie ich, rief er, ich bin viermal sitzen geblieben, alle begabten Männer sind in der Schule sitzen geblieben. Damit war die Todesangst zerstäubt, alle Gefahr war vergangen. Aus den verwirrten Gesichtern meiner Eltern konnte sich keine Wut mehr hervorarbeiten, sie konnten mir nichts vorwerfen, da ja Fritz W., dieser tüchtige und erfolgreiche Mann, alle Schuld von mir genommen hatte und mich dazu noch besonderer Ehrung für würdig hielt.

Peter Weiss

Der Junge in der Geschichte wird sich noch nach Jahren gern an die Begegnung mit Fritz W. erinnern. Kannst du dir erklären, weshalb er in dieser Situation mehr für sein Leben gelernt hat, als wenn ihn seine Eltern gemaßregelt hätten?
Wo hast du in deinem Leben bereits helfende Hände gespürt?

Wenn du dieses Kapitel im Unterricht und zu Hause bearbeitet hast,

kennst du
die wichtigsten Daten aus dem Leben Martin Luthers und bist über die Umstände informiert, unter denen Luther dreimal seinen Lebensweg ändern musste.

Du hast eine Vorstellung davon,
wie bedroht das Leben der Menschen im späten Mittelalter war und in welcher Form sie Erfahrungen mit dem allgegenwärtigen Tod machten.

Du kannst erklären,
inwiefern Martin Luther mit seinen 95 Thesen einen Ablauf in Gang brachte, der letztlich für ihn gefährlich wurde.

Du kennst
die Missstände der Kirche im späten Mittelalter, die eine »Reformation«, also eine Erneuerung, nötig werden ließen.

Du kannst erklären,
welche Bedeutung die Bibelübersetzung, die neue Kirchenordnung und Luthers Kirchenlieder bis heute für die evangelische Kirche haben.

Du weißt Bescheid darüber,
dass Luther trotz aller Leistungen und Neuerungen auch Äußerungen hinterlassen hat, denen wir heute kritisch begegnen müssen.

Du kannst begründen,
weshalb die Rechtfertigung allein aus dem Glauben einem Christen Lebensmut und Hoffnung geben kann.

wissen

kennen

können

informiert sein

erklären

begründen

überprüfen

beurteilen

Evangelische und katholische Kirche – Einheit in der Vielfalt

Ich gebe euch jetzt ein
neues Gebot:
Ihr sollt einander lieben!
Genauso wie ich euch
geliebt habe,
sollt ihr einander lieben.
An eurer Liebe zueinander
werden alle erkennen,
dass ihr meine Jünger
seid.

Joh 13,34–35

Wir leben alle aus einer Wurzel

Zwei Kirchen – ein Glaube

info *Unter Kirche verstehen wir nicht nur das Gebäude, sondern auch die **Konfession**, zu der jemand gehört. Das Wort kommt aus dem Lateinischen und bedeutet wörtlich »Bekenntnis«. Im Allgemeinen bezeichnen wir damit eine christliche Glaubensrichtung.*

In welche Kirche gehst du?

Carsten und Franz treffen sich sonntags nach dem Gottesdienst, bzw. nach der Messe, auf dem großen Platz vor den beiden Kirchen. Carsten soll in diesem Jahr konfirmiert werden und Franz ministriert seit drei Wochen in seiner Kirche. Beide Jungs wohnen in derselben Straße und gehen dann gemeinsam heim.

Als Ministrant muss Franz ein spezielles Gewand anziehen und er hat während der Messe verschiedene Aufgaben. So läutet er z. B. gleich zu Anfang ein Glöckchen, das den Einzug der Priester und Ministranten ankündigt, und während der Messe hält er dem Priester die Gebetbücher, sodass dieser die Hände frei hat. Seine Hauptaufgabe besteht jedoch darin, dem Priester während der Feier der Eucharistie zu assistieren. Da muss jeder Handgriff sitzen.

Carsten wird schon langsam unruhig, denn so lange wie an diesem Sonntag hat Franz noch nie auf sich warten lassen. Doch gerade in diesem Augenblick erscheint der Freund in der Seitenpforte der Kirche.

»Hallo, Carsten«, ruft er, »ich bin heute etwas später dran, weil ein Baby aus unserer Gemeinde getauft wurde. Danach wurden während der Eucharistiefeier noch so viele Heilige angebetet, dass ich dachte, das nimmt gar kein Ende.«

»Ihr und eure Heiligen! Die gibt es bei uns nicht, aber Taufe und Abendmahl feiern wir auch«, entgegnet Carsten. »Wenn alle Leute nach vorn gehen, um Brot und Wein zu empfangen, muss man auch bei uns ewig auf den harten Bänken sitzen, bis alles vorbei ist.«

»Das geht bei uns eigentlich ziemlich schnell«, sagt Franz, »weil alle nur die Hostie bekommen, Wein trinkt ausschließlich der Priester. Auch stehen wir ja während der Messe öfter auf oder knien nieder. So hat man wenigstens etwas Bewegung.«

»Zum Beten stehen wir meistens auch auf«, bestätigt Carsten. »Aber das mit dem Abendmahl ist für mich besonders deshalb so langweilig, weil ich erst teilnehmen darf, wenn ich konfirmiert bin. Das dauert ja Gott sei Dank nicht mehr lange. Wenn die Zeit einmal wieder gar nicht vergehen will, schaue ich mich in der Kirche um. Besonders gut gefällt mir unsere Orgel.«

»Während die Erwachsenen Eucharistie feiern, denke ich mir immer Geschichten aus, wie z. B. dass sich jemand in den Beichtstühlen versteckt, weil er aus irgendwelchen Gründen verfolgt wird«, gesteht Franz lachend und fährt dann fort: »Ja, eine Orgel gibt es bei uns auch. Die hat Bässe, sag ich dir, dass es einem im Bauch vibriert. So einen Sound hat nicht mal unsere Lieblingsband drauf. Hast du übrigens ihre neue Single schon gehört? Ich hab' sie mir vorgestern gekauft. Komm, die musst du dir mit Kopfhörern anhören!«

Woran erkennst du, welcher der beiden Freunde evangelisch und welcher katholisch ist? Die Begriffe, die dir möglicherweise unbekannt sind, werden dir im weiteren Verlauf des Kapitels erklärt.

info

Von den ca. 12,5 Millionen Einwohnern Bayerns gehörten im Jahr 2005 etwa 63 % der katholischen Kirche und 22,5 % der Evangelisch-Lutherischen Landeskirche an.

Die sechs Kirchenkreise der Evangelisch-Lutherischen Kirche in Bayern

Gemeindeglieder in den größeren Städten im Vergleich zur Einwohnerzahl

Würzburg: 128.851, davon evangelisch: 28.685
Augsburg: 241.381, davon evangelisch: 45.801
Bayreuth: 74.137, davon evangelisch: 47.225
München: 1.326.206, davon evangelisch: 185.551
Nürnberg: 500.895, davon evangelisch: 165.458
Regensburg: 130.080, davon evangelisch: 18.789

Stand: 2006

Gemeindeglieder in den Kirchenkreisen

Ansbach-Würzburg: 438.189
Augsburg: 292.577
Bayreuth: 496.528
München: 540.626
Nürnberg: 578.060
Regensburg: 294.744

Stand: 2006

info

***Evangelisch** heißt »am Evangelium, also an der frohen Botschaft orientiert«.*
Neben den Kirchen der Reformation – Lutheraner, Zwinglianer und Reformierte – gehören auch Freikirchen wie z.B. Baptisten und Mennoniten zu den evangelischen Kirchen.

Die evangelischen Kirchen und die katholische Kirche unterscheiden sich in ihrem organisatorischen Aufbau und in ihrem Selbstverständnis voneinander.

Evangelisch

Die evangelischen Kirchen auf der Welt sind in einer Vielzahl von Einzelkirchen organisiert, in denen die Gläubigen den Traditionen der jeweiligen Länder entsprechend in vielfältigen und auch unterschiedlichen Organisationsformen leben. In Deutschland gibt es z.B. eine Reihe von unabhängigen evangelischen Landeskirchen, die ihre Angelegenheiten selbstständig regeln.
Die übergreifende Organisation, zu der sich die 42 lutherischen, reformierten und unierten Kirchen in Deutschland zusammengeschlossen haben, ist die »**E**vangelischen **K**irche in **D**eutschland«. Oberstes Gremium ist der Rat der EKD, der mit seinen 15 Mitgliedern die EKD leitet und die gemeinsamen Interessen der evangelischen Kirchen in der Öffentlichkeit vertritt, wie z.B. durch Stellungnahmen zu aktuellen gesellschaftlichen Themen aus der Medizin (Gentechnik, Stammzellenforschung), aus der Wirtschaft (Globalisierung) und zur praktischen und konkreten Zusammenarbeit z.B. im diakonischen Bereich (Aktion »Brot für die Welt«, Katastrophenhilfe usw.).
Die Evangelisch-Lutherische Kirche in Bayern gehört außerdem auch noch zur »Vereinigten Evangelisch-Lutherischen Kirche in Deutschland (VELKD)«, in der mehrere lutherische Kirchen zusammengeschlossen sind. Ein Zusammenschluss der reformierten Kirchen in Deutschland ist der »Reformierte Bund«.
Auf Weltebene haben sich die lutherischen – d.h. auf die Reformation Martin Luthers zurückgehenden – Kirchen zum »Lutherischen Weltbund« zusammengeschlossen. Im »Ökumenischen Rat der Kirchen« arbeiten derzeit über 350 Kirchen unterschiedlicher christlicher Konfessionen zusammen.
Wichtig ist den evangelischen Kirchen der Bezug zum Evangelium und zu einem Glaubensleben, das Jesus Christus als das Haupt ansieht. Die Verkündigung des Wortes Gottes steht im Mittelpunkt.

Struktur der Evangelischen Kirche in der Welt und in Bayern

Verwaltung

Landeskirchenrat (Landesbischof, geistliche und weltliche Oberkirchenräte)
Dekanat
Pfarramt, Vikariat

info

Katholisch *kommt aus dem Griechischen und bedeutet »über die ganze Welt verbreitet«.*
Neben der römisch-katholischen Kirche hat sich seit dem 4. Jahrhundert in Osteuropa eine orthodoxe Kirche entwickelt. Im 16. Jahrhundert spaltete sich die anglikanische Kirche (Presbyterianer, Methodisten, Quäker) von Rom ab und im 19. Jahrhundert bildeten die Altkatholiken eine eigene von Rom unabhängige Kirche.

Katholisch

Die katholische Kirche ist, wie ihr Name schon sagt, eine Weltkirche, deren Mittelpunkt sich in Rom, im **Vatikan**, befindet. Der Vatikan – Wohnsitz des **Papstes**, des Oberhauptes der katholischen Kirche – ist ein selbstständiger Stadtstaat im Nordwesten von Rom, am rechten Ufer des Tiber. Auf 0,44 Quadratkilometern leben ca. 1.000 Einwohner. Die Vatikanstadt umfasst die Peterskirche, den Petersplatz, den Vatikanpalast und seine Gärten. Weitere Kirchen und Paläste in Rom genießen Exterritorialität[1], ebenso wie der Sommersitz des Papstes in Castel Gandolfo. Die Vatikanstadt besitzt eine eigene Garde, die Schweizergarde, die auch Polizeifunktion ausübt, zahlreiche wissenschaftliche Studieneinrichtungen, die Rundfunkanstalt Radio Vatikan, die in 34 Sprachen sendet, ein Observatorium, Zeitungen, ein Post- und Telegrafenamt, eine Druckerei. Sie gibt eigene Münzen und Briefmarken heraus. Es gibt einen Bahnhof mit Anschluss an das Netz der italienischen Staatsbahnen. Die wirtschaftlichen Interessen des Vatikan werden durch Banken vertreten, außerdem ist er an zahlreichen Industrieunternehmen beteiligt.

Die **Kleriker** – so nennt man zusammenfassend Papst, Kardinäle, Bischöfe, Priester (übrigens nur Männer) – stehen in der Ordnung der katholischen Kirche vermittelnd zwischen den Gläubigen und Gott, also in einer herausgehobenen Stellung.

Dem Papst wird Unfehlbarkeit zugestanden, d.h., Entscheidungen des Papstes in Glaubens- und Sittenfragen, in denen er förmlich die gesamtkirchliche Lehre verkünden will und mit denen er die Bibel interpretiert, sind verbindlich für alle Gläubigen.

Die herausragende Stellung des Papstes in der katholischen Kirche wird auch an der Prozedur seiner Wahl deutlich. 15 bis 20 Tage nach dem Tod eines Papstes wählen höchstens 120 Kardinäle, die das 80. Lebensjahr noch nicht vollendet haben, im Konklave[2] den neuen Papst. Sie müssen sich mit einer Zwei-Drittel-Mehrheit auf einen Kandidaten einigen. Wählbar ist jeder katholische Christ. Seit 1389 sind jedoch nur Kardinäle Papst geworden.

Der Papst in Rom ernennt Bischöfe in der ganzen Welt, also auch in Deutschland. Diese Bischöfe treten zu Bischofskonferenzen zusammen, in denen sie das kirchliche Leben betreffende Beschlüsse fassen, die, nachdem sie vom Papst bestätigt wurden, für alle Bistümer des Landes rechtsverbindlich sind.

Bayern ist in 7 Bistümer eingeteilt: Augsburg, Bamberg-Eichstätt, München und Freising, Passau, Regensburg, Würzburg. Zur bayerischen Bischofskonferenz zählt auch noch Speyer, obwohl dies territorial nicht zu Bayern gehört.

1 Exterritorialität bedeutet in diesem Fall, dass diese Gebäude außerhalb der Gerichtsbarkeit des italienischen Staates stehen.

2 Konklave ist ein von der Außenwelt streng abgeschiedener Ort.

info

Das wichtigste Gebäude der Vatikanstadt und gleichzeitig die Hauptkirche der katholischen Christenheit ist der ***Petersdom*** *in Rom, der nach der Überlieferung über dem Grab des Apostels Petrus errichtet sein soll.*

Vergleiche die Aussagen über die evangelische und die katholische Kirche. Was ist gleich oder ähnlich? Worin unterscheiden sich organisatorischer Aufbau und Selbstverständnis der beiden Kirchen?

*Als **Amt** bezeichnet man in der Kirche eine Tätigkeit, die als Dienst an der Gemeinde verstanden wird. Der Amtsinhaber gehört zur Gemeinde und lässt sich einerseits wie diese von Gott ansprechen, andererseits spricht Gott die Gemeinde durch ihn an.*

Das Amt des Pfarrers – das Amt des Priesters

Der grundlegende Unterschied zwischen einem evangelischen und einem katholischen Geistlichen ist das Verständnis des Amtes. **Der evangelische Pfarrer/die Pfarrerin** wird in der Ordination mit der Verkündigung des Wortes Gottes und Weitergabe der Sakramente beauftragt. Er/sie hat damit einen besonderen Dienst in der Gemeinde, ist aber grundsätzlich ein Glaubender unter Glaubenden. Martin Luther hat hier vom »Allgemeinen Priestertum aller Gläubigen« gesprochen.

Die Kleidung der Pfarrer ist schlicht, sie entspricht etwa der eines Gelehrten im ausgehenden Mittelalter. Die Pfarrer und Pfarrerinnen dürfen selbstverständlich heiraten, da nirgendwo in der Bibel Ehelosigkeit als Vorbedingung für ein kirchliches Amt gefordert wird.

Der **katholische Priester** wird durch das Sakrament der Priesterweihe herausgehoben. Er bekommt durch die Weihe einen besonderen »unzerstörbaren Charakter«, der ihn von den sogenannten Laien (griechisch: laos = das Volk) unterscheidet. Der Priester steht nach katholischem Verständnis als Mittler zwischen Mensch und Gott.

Diese herausgehobene Stellung ist auch äußerlich deutlich zu sehen an den prachtvollen Messgewändern und auch an der Tatsache, dass die katholischen Geistlichen nicht heiraten dürfen. Sie stehen nämlich unter der Pflicht des Zölibats.

Das Gewand des ev. Pfarrers/ev. Bischofs

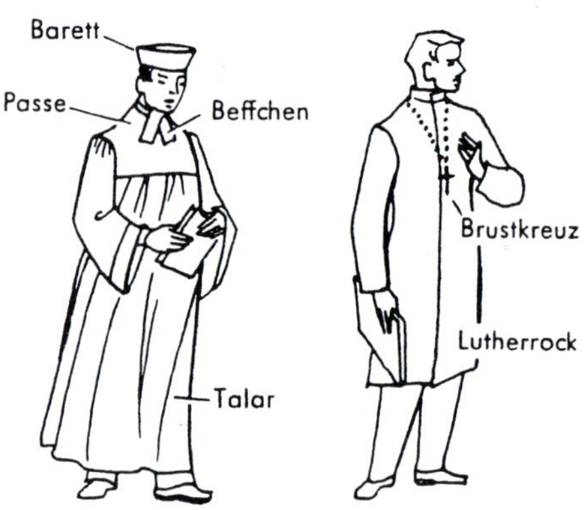

Das Gewand des kath. Priesters/kath.Bischofs

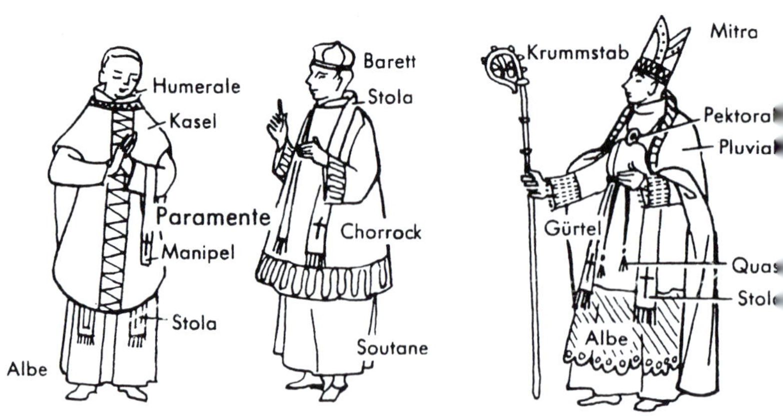

Messgewand *Chorkleidung*

Die Sakramente

info *Das Wort **Sakrament** kommt vom lateinischen »sacramentum«, was zunächst soviel wie »religiöses Geheimnis«, später »Weihe, Verpflichtung« bedeutete. Man versteht darunter ein mit einem Wort verbundenes Zeichen, das dem Menschen die Gnade Gottes vermittelt.*

Glaube braucht Zeichen

Die **evangelische Kirche** kennt zwei Sakramente, für die neben einem äußeren Zeichen die persönlichen Einsetzungsworte Jesu im Neuen Testament stehen.

Zur Taufe:
Jesus Christus spricht: Mir ist gegeben alle Gewalt im Himmel und auf Erden. Darum gehet hin und machet zu Jüngern alle Völker. Tauft sie im Namen des Vaters und des Sohnes und des Heiligen Geistes und lehret sie halten alles, was ich euch befohlen habe. Und siehe ich bin bei euch alle Tage bis an das Ende der Welt. (Mt 28, 18–20)

Zum Abendmahl:
Unser Herr Jesus Christus in der Nacht, da er verraten ward, nahm er das Brot, dankte und brach es und gab es seinen Jüngern und sprach:
Nehmet hin und esset: Das ist mein Leib, der für euch gegeben wird. Solches tut zu meinem Gedächtnis. Desgleichen nahm er auch den Kelch nach dem Abendmahl, dankte und gab ihnen den und sprach:
Nehmet hin und trinket alle daraus: Das ist mein Blut des neuen Testaments, das für euch vergossen wird zur Vergebung der Sünden. Solches tut, sooft ihrs trinket, zu meinem Gedächtnis. (1 Kor 11,23–25)

Die **katholische Kirche** kennt sieben Sakramente, die an entscheidenden Punkten des Lebens der Gläubigen stehen.
Die sieben Sakramente sind: **Taufe, Eucharistie, Beichte, Firmung, Ehe, Krankensalbung, Priesterweihe.**

Der Taufstein hat in der evangelischen Kirche seinen Platz immer in der Nähe des Altars.
In der römisch-katholischen Kirche steht der Taufstein nahe einer Eingangstür: Das Kind wird beim Hereinkommen getauft und dann erst in die Kirche zum Altar und vor das Angesicht Gottes getragen.

info

Eucharistie *kommt vom griechischen »eucharistein«, was »danken« bedeutet. Katholische Christen bezeichnen die Feier der Danksagung für das Opfer Jesu als Eucharistie. In der evangelischen Kirche feiert man das* ***Abendmahl****, in Erinnerung an das letzte Mahl Jesu mit seinen Jüngern am Gründonnerstag.*

Das Abendmahl

»Sind Sie satt geworden beim letzten Abendmahl?« Diese Frage wäre in urchristlicher Zeit gar nicht abwegig gewesen. Wenn es in der Bibel immer wieder heißt, dass die Christen sich zum gemeinsamen Brotbrechen und damit zum Abendmahl versammelten, dann war das ein sättigendes Mahl. Es hatte außer der religiösen auch eine soziale Bedeutung, weil reiche Christen mehr Esswaren mitbrachten als arme und so ein Ausgleich geschaffen wurde. Das trotzdem sehr einfache Mahl bestand meist nur aus Brot und Salz. Oft wurde der Wein durch Wasser ersetzt.

Als die Christen im 2. Jahrhundert zahlreicher wurden und ein tägliches gemeinsames Essen schwerer durchzuführen war, kamen sie immer mehr an Sonntagen zu Gottesdiensten zusammen. Dort wurde das Mahl nur noch angedeutet und symbolisch gefeiert. Die gemeinsamen, satt machenden Mahlzeiten, fortan Agape (Liebesmahl) genannt, fanden nur noch im kleinen Kreis statt.

Einsetzungsworte beim A.:
"Christi Blut für dich vergossen
Christi Leib für dich gegeben

In den ersten Jahrhunderten stritt man sich nicht um den Sinn und die Bedeutung des Abendmahls. Man feierte es. Und dazu ist es da. Erst später brachten die unterschiedlichen Auffassungen vom Abendmahl die Christen auseinander und verhindern auch heute noch eine gemeinsame Feier des Abendmahles von katholischen und evangelischen Christen.

Nach katholischem Verständnis ist das Abendmahl, Eucharistie genannt, eine Vergegenwärtigung des Opfers Christi am Kreuz, eine Wiederholung, die nur der geweihte Priester bewirken kann. Brot und Wein verwandeln sich in Leib und Blut Christi. Nur das Brot wird an die Gemeinde ausgeteilt. Damit erhofft sich die Gemeinde durch das gemeinsame Feiern des Abendmahls erneut die Gnade Gottes zu erlangen. Die Wirksamkeit dieser Gnade ist nach katholischer Auffassung auch davon abhängig, dass alle Anwesenden dieses Verständnis vom Abendmahl teilen.

Deshalb lehnen sie das gemeinsame Abendmahl mit evangelischen Christen ab. = Transsubstantiation während der hl. Messe

Für **evangelische Christen** ist das Abendmahl ein Fest der Versöhnung, der Gemeinschaft und der Hoffnung. Versöhnung, weil alles, was uns von Gott trennt, von uns genommen wurde durch Jesus Christus, der für uns ans Kreuz gegangen ist. Gemeinschaft, weil es den Glaubenden Jesus Christus nahe bringt, wenn er sich selbst mit Brot und Wein in seinem Leib und seinem Blut schenkt. Und Hoffnung, weil der Bund mit Gott immer wieder neu gefeiert wird.

ev: Brot + Wein = Symbole für Leib + Blut Christi

Warum feiern auch heute noch evangelische und katholische Christen selten zusammen Abendmahl?

Brot in deiner Hand

An der Rue Jacque in Paris liegt ein Bäckerladen. Die Leute des Viertels kaufen dort gern ihr Brot, weil es gut ist, aber auch wegen des alten Bäckers, der meistens im Laden steht und verkauft.
Von diesem alten Bäcker behaupten manche Menschen, er habe einen Tick. Aber nur manche, die meisten sagen: Er ist weise, er ist menschlich, er ist freundlich. Einige sagen sogar: Er ist ein Prophet. Der alte Bäcker weiß, dass man Brot nicht nur zum Sattessen braucht, und gerade das gefällt den Leuten. Manche erfahren das erst hier beim Bäcker in der Rue Jacque. Zum Beispiel der Busfahrer Gerard, der einmal zufällig in den Laden kam.
»Sie sehen bedrückt aus«, sagte der alte Bäcker.
»Ich habe Angst um meine kleine Tochter«, antwortete Gerard. »Sie ist gestern vom zweiten Stock aus dem Fenster gefallen.«
»Wie alt?«, fragte der alte Bäcker.
»Vier Jahre«, antwortete Gerard.
Da nahm der alte Bäcker das Brot, das auf dem Ladentisch lag, brach zwei Stückchen ab und gab eines davon dem Busfahrer. »Essen Sie mit mir«, sagte er, »ich will dabei an Sie und ihre kleine Tochter denken.«
Der Busfahrer hatte so etwas noch nie erlebt, aber er verstand sofort, was der alte Bäcker meinte, als er ihm das Stück Brot in die Hand gab. Und sie aßen beide ihr Brot und dachten schweigend an das Kind im Krankenhaus.
Dann kam eine Frau herein. Sie hatte auf dem nahen Markt Milch geholt und wollte nun eben noch Brot kaufen. Bevor sie ihren Wunsch äußern konnte, gab ihr der alte Bäcker ein Stück Weißbrot und sagte: »Kommen Sie, essen Sie mit uns. Die Tochter dieses Mannes liegt schwer verletzt im Krankenhaus. Der Vater soll wissen, dass wir ihn nicht allein lassen.« Und die Frau nahm das Brot und aß mit beiden.
So war das oft in dem Laden, in dem der alte Bäcker die Kunden bediente. Aber es passierte auch anderes, über das sich die Leute noch mehr wunderten. Da war zum Beispiel einmal die Geschichte mit Gaston:
An einem frühen Morgen wurde die Ladentür aufgerissen und ein großer Kerl stürzte herein. Er lief vor jemandem fort. Das sah man sofort. Er schlug die Tür hastig hinter sich zu und schob von innen den Riegel vor.
»Was tun Sie denn da?«, fragte der alte Bäcker. »Die Kunden wollen zu mir herein, um Brot zu kaufen. Machen Sie sofort die Tür wieder auf.«
Und da erschien vor dem Laden auch schon ein Mann wie ein Schwergewichtsboxer mit einer Eisenstange in der Hand. Als er im Laden den jungen Kerl sah, wollte er auch hinein. Aber die Tür war verriegelt.
»Er will mich erschlagen«, keuchte der junge Mann atemlos.
»Wer? Der?«, fragte der Bäcker.
»Mein Vater«, schrie der Junge und er zitterte am ganzen Leibe. »Er will mich erschlagen. Er ist jähzornig!«
»Das lass mich nur machen«, sagte der alte Bäcker, ging zur Tür, schob den Riegel zurück und rief dem schweren Mann zu: »Guten Morgen, Gaston! Am frühen Morgen regst du dich schon so auf? Das ist ungesund. So kannst du nicht lange leben. Komm herein, Gaston. Aber benimm dich. Lass den Jungen in Ruh! In meinem Laden wird kein Mensch umgebracht.«
Der Mann mit der Eisenstange trat ein. Seinen Sohn schaute er gar nicht an. Und er war viel zu erregt, um dem Bäcker antworten zu können. Er wischte sich mit der Hand über die feuchte Stirn und schloss die Augen. Da hörte er den Bäcker sagen: »Komm, Gaston, iss ein Stück Brot mit deinem Sohn; das versöhnt. Ich will auch ein Stück Brot essen, um euch bei der Versöhnung zu helfen.« Gaston nahm das Brot und auch sein Sohn nahm es. Und als sie davon aßen, sahen sie einander an und der alte Bäcker lächelte beiden zu. Als sie das Brot gegessen hatten, sagte Gaston: »Komm, Junge, wir müssen an die Arbeit.«

Heinrich A. Mertens

Welches ist die Wirkung des gemeinsamen Essens?
Was erinnert in dieser Geschichte an das biblische Abendmahl?
Worin liegt für den Autor der tiefere Sinn des Abendmahls?

info

Die christlichen Kirchen kennen die ***Allgemeinbeichte****, bei der im Gottesdienst ein allgemeines Sündenbekenntnis abgelegt wird. Daneben gibt es die* ***Einzel- oder Ohrenbeichte****, bei der der Einzelne seine Schuld, die ihm auf der Seele liegt, gegenüber einem Pfarrer oder Priester vor Gott offen legt.*

Beichten

In der Beichte wenden sich Christen mit dem, was sie belastet, an Gott; ihnen wird bewusst, dass sie im Widerspruch zu Gott und in Trennung von ihm leben. Sie erkennen, dass sie Gottes Gebote übertreten haben und schuldig geworden sind. Sie bitten um Vergebung ihrer Sünden. Sie empfangen Gottes Freispruch und erfahren darin Entlastung für ihr Gewissen.

In der **evangelischen Kirche** gibt es eine Form der Beichte, bei der die Menschen sich im Gebet mit dem in den 10 Geboten formulierten Anspruch Gottes auseinandersetzen, ihre eigene Schuld wahrnehmen und sich die Verfehlungen eingestehen. In der Erinnerung an Gottes Liebe können die Betenden zu der Gewissheit gelangen, dass Gott sie von ihrer Schuld lossagt.

Manche Schuld belastet den Menschen jedoch so, dass erst das Reden darüber weiterhilft. Dafür gibt es die Einzelbeichte; das ist ein Gesprächsangebot, mit dem Pfarrer/der Pfarrerin über erkannte eigene Schuld zu sprechen.

Üblich in den evangelischen Kirchen ist außer dem allgemeinen Sündenbekenntnis am Anfang eines Sonntagsgottesdienstes eine gemeinsame Beichte der Gemeinde im Rahmen der Abendmahlsfeier. Auf die Beichtfragen hin, die der Pfarrer der Gemeinde stellt, bekennen alle ihre Sünden und bekommen Gottes Vergebung zugesprochen. Die Beichtfragen lauten:

– Bekennst du, dass du gesündigt hast, und bereust du deine Sünden, so antworte: Ja.

– Bittest du um die Vergebung deiner Sünden im Namen Jesu Christi, so antworte: Ja.

– Glaubst du auch, dass die Vergebung, die dir zugesprochen wurde, Gottes Vergebung ist, so antworte: Ja.

In der **katholischen Kirche** geht man zur Ohrenbeichte, d.h. man kniet im Beichtstuhl, auf dessen anderer Seite der Priester Platz genommen hat. Man spricht über seine Verfehlungen, und wenn man alles ehrlich bereut und – falls erforderlich – vom Priester aufgetragene Bußübungen erfüllt hat, spricht dieser den erlösenden Satz:

»Ich spreche dich los von deinen Sünden im Namen des Vaters und des Sohnes und des Heiligen Geistes«.

In beiden Kirchen sind Pfarrer und Priester fest an das sogenannte Beichtgeheimnis gebunden, d.h. alles, was sie in der Beichte hören, steht immer unter dem Siegel der Verschwiegenheit und darf von ihnen nicht weitergegeben werden. Dies bezieht sich auch auf Verbrechen: Pfarrer und Priester dürfen eine gebeichtete Straftat keinesfalls anzeigen, dagegen müssen sie alle Kraft daran setzen, den Beichtenden zu bewegen, dass er sich selbst den Behörden stellt.

Warum ist es so wichtig, dass das Beichtgeheimnis gewahrt wird?
Genaueres über die Beichte kannst du im Evangelischen Gesangbuch bzw. im Gotteslob deiner katholischen Mitschüler nachlesen.

Marien-verehrung

info *In der katholischen Kirche werden Menschen, die entweder ihr Leben für den Glauben hingegeben oder ein besonders frommes Leben geführt haben, von den Gläubigen verehrt und um ihre Fürbitte bei Gott angerufen. Innerhalb dieser* ***Heiligenverehrung*** *nimmt Maria eine besondere Stellung ein.*

Jungfrau – Mutter – Himmelskönigin

Maria ist die Mutter Jesu, aber hat er auch eine Großmutter? Natürlich stammt Maria aus einer üblichen Familie, aber wir wissen darüber kaum etwas.

Die evangelische Kirche sieht Maria als eine ganz normale Mutter, die neben Jesus auch weitere Kinder hatte.

Die katholische Kirche allerdings gibt Maria eine herausragende Stellung als Gottesmutter und Himmelskönigin, als Schutzmantelmadonna und Mittlerin zwischen den Menschen und Jesus Christus.

Papst Johannes XXIII drückt es in seinen »Geistlichen Tagebüchern« so aus:

»Der kürzeste Weg zu Jesus führt über Maria. Also werde ich mich ganz Maria anvertrauen, um ganz Jesus zu gehören.«

In jeder katholischen Kirche steht ein Marienbild, vor dem häufig die Möglichkeit gegeben ist, Kerzen anzuzünden, als Symbol für ganz persönliche Gebete. Meistens wird Maria mit dem Kind dargestellt oder aber trauernd als sogenannte Pieta[1] mit dem toten Sohn im Arm, der gerade vom Kreuz abgenommen wurde. Häufig ranken auf diesen Darstellungen Rosen um sie herum, da man ihr die Rose – die Königin der Blumen – als ihre Blume zuordnet.

Deshalb heißt auch das Gebet, das sich ausschließlich an Maria wendet, das Rosenkranzgebet. Es wird besonders in den sogenannten Marienmonaten Mai und September fast jeden Abend in der Kirche gebetet.

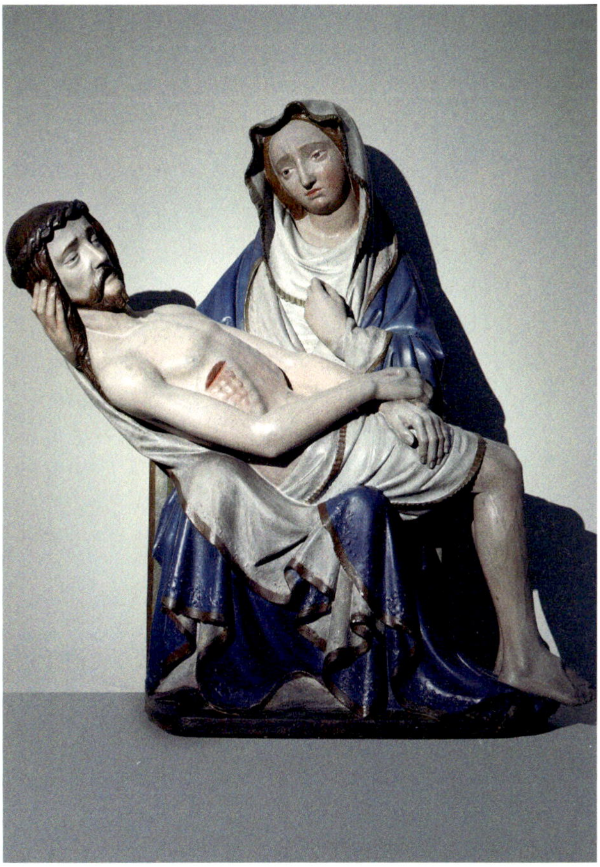

Weshalb hat die Mutter Jesu in der evangelischen Kirche nicht dieselbe Bedeutung und erfährt nicht die Verehrung wie in der katholischen Kirche?

1 Das lateinische Wort »pietas« bedeutet Frömmigkeit. Eine Pietà ist eine malerische oder plastische Darstellung der trauernden Maria mit dem Leichnam Jesu auf dem Schoß.

Leben im Kloster

info *Das Wort **Kloster** kommt aus dem Lateinischen und bedeutet »Abgeschlossensein.«*

Ordensgemeinschaften

Menschen, die ihr Leben in besonderer Weise in der Nachfolge Christi gestalten wollen, können nach der Tradition der katholischen Kirche den Weg ins Kloster wählen. Die katholische Kirche kennt verschiedene Mönchs- und Frauenorden, die nach den Regeln des Benedikt von Nursia leben, der 529 auf dem Monte Cassino zwischen Rom und Neapel das erste abendländische Kloster gründete. Die sogenannte Benediktinerregel fordert nach einem Probejahr (Noviziat) drei Gelübde: Armut, Ehelosigkeit und absoluten Gehorsam gegenüber dem Abt[1]. Dazu kommt eine strenge Regelung des Tagesablaufes, der in sieben Gebetszeiten eingeteilt wird, um 2 Uhr nachts und von 6 bis 21 Uhr alle drei Stunden. Dazwischen soll gearbeitet werden, damit im Klosterleben das Gleichgewicht zwischen Anspannung und Entspannung gewahrt bleibt. Diesen Grundsatz nannte Benedikt »Ora et labora«, was ins Deutsche übersetzt »Beten und arbeiten« heißt.

1 Abt kommt vom griechischen Wort »abba«, das Vater bedeutet. Der Abt ist der Vorsteher eines Klosters. Er ist gegenüber seinen Mitbrüdern im Orden weisungsbefugt.

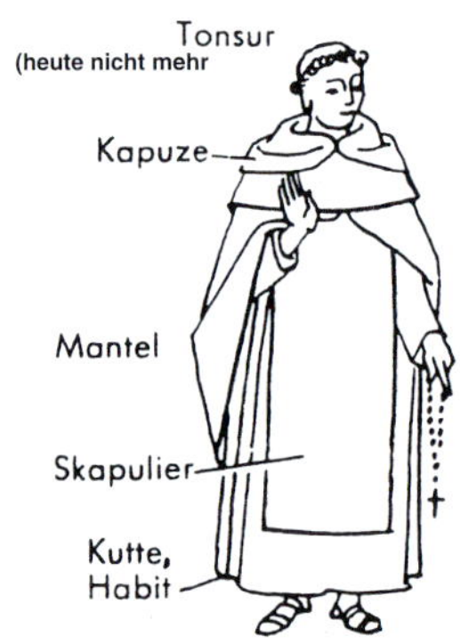

katholischer Mönch

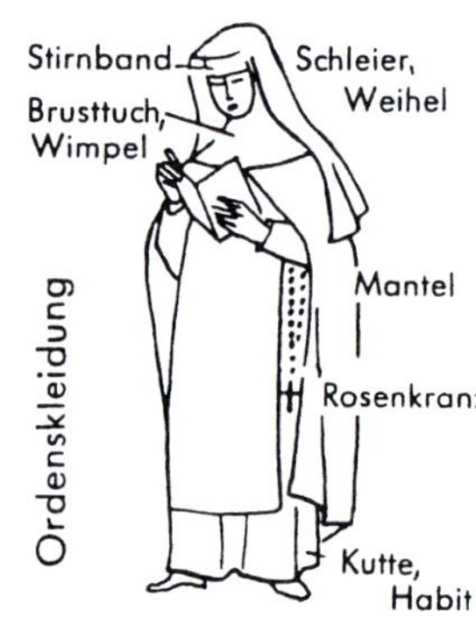

katholische Nonne

Auch im evangelischen Bereich gibt es klosterähnliche Gemeinschaften, man nennt sie Communitäten. Dazu gehören z. B. die »Communität Casteller Ring« der Schwestern auf dem Schwanberg und die Gemeinschaft der Selbitzer Schwestern in Oberfranken. Die evangelischen Communitäten sind nicht so straff und streng organisiert wie viele katholische Klöster, sie regeln manches in demokratischer Weise, aber grundsätzlich leben sie ebenfalls nach der benediktinischen Regel.

Schwestern vom Casteller Ring auf dem Schwanberg

- Gibt es in deiner Nähe ein Kloster oder eine Communität? Wenn ja, was weißt du über sie?

Der letzte Tanz

An diesen Abend erinnere ich mich, als sei er gestern gewesen. Wir hatten das Abitur hinter uns gebracht, vormittags unsere Zeugnisse während einer stilvollen Feier überreicht bekommen und dann kam der traditionelle Abi-Ball, jedes Jahr ein vielbeachtetes Ereignis in unserer kleinen Stadt. Ausgelassen waren wir und glücklich, wir genossen noch einmal die vertraute Gemeinschaft, an die wir uns in den vergangenen Jahren gewöhnt hatten, aber es lag schon die Wehmut des Auseinandergehens und die Vorfreude auf einen neuen Lebensabschnitt über diesem Abend.

Jetzt, wo die Spannung der Prüfungen von uns abgefallen war, gaben sich manche unter uns anders als sonst, freier, natürlicher, netter. Besonders einer fiel mir auf. Er war der Bruder einer Klassenkameradin, mit der ich mich immer gut verstanden hatte. Und wenn wir uns gegenseitig Vokabeln abfragten oder Mathe übten, hatte er sich auch manchmal mit dazu gesetzt und mitgearbeitet, obwohl er in vielen Fächern erheblich besser war als wir beide. Er hatte ein hervorragendes Abiturzeugnis – war er deshalb so gelöst, so ganz dem festlichen Abend zugewandt?

Und doch wirkte er anders als die anderen: Er schien dem Geschmack des Weins mehr nachzufühlen als sonst, er lächelte uns Mädchen mit einer strahlenden Intensität an, die aus tiefster Seele kam, er tanzte mit Genuss und war bei jedem Gespräch voll dabei.

Als seine Schwester für einen Augenblick neben mir stand, fragte ich sie, warum er heute so anders, so ganz Mensch sei. »Ende nächster Woche geht er ins Kloster, er wird Jesuit«, sagte sie und bat mich es für mich zu behalten; er wolle nicht, dass es heute schon bekannt würde. Er wolle diesen Abend genießen ohne Wehmut und Abschiedsschmerz, er freue sich auf seine Zukunft.

Als der letzte Tanz angekündigt wurde, genoss er jeden Schritt, dann verabschiedete er sich mit einem freundlichen Wort und ging hinaus. Wie würde seine Zukunft aussehen?

Was könnte den jungen Mann dazu gebracht haben, ins Kloster zu gehen?
Manche Ordensgemeinschaften nehmen junge Menschen auf, andere erwarten, dass vor dem Eintritt ins Kloster eine Berufsausbildung steht. Welchen Sinn könnte das haben?

Gang durch eine katholische Kirche

Muss man hier niederknien?

Korbinian hatte mich überredet an diesem Sonntag mit ihm in seine Kirche zur Messe zu gehen. Wie sollte ich mich dann verhalten? Ich habe keine Übung im Bekreuzigen und die Kniebeuge kommt mir etwas ungewohnt vor. Zurückhaltung ist angesagt und Abwarten.
Manches Ungewohnte nehme ich wahr, aber besonders auffallend ist ein Schränkchen aus Gold oder sonstigem Metall, verziert mit Edelsteinen und kunstvollen Reliefs. »**Tabernakel** heißt dieses Kunstwerk«, flüstert Korbinian »es ist einer der wertvollsten Gegenstände in der Kirche. Das ist kein Wunder, denn hier werden die von der letzten Messe übrig gebliebenen **Hostien** aufbewahrt. Sie sind schon geweiht und in den wahren Leib Christi gewandelt.«
Deshalb wird von einem gläubigen Katholiken wohl erwartet, dass er davor das Knie beugt, überlege ich.
Gut, dass Korbinian mir schon vorher von der geheimnisvollen Lampe über dem Altar erzählt hat. Das **Ewige Licht** symbolisiert die ständige Gegenwart Gottes. Diese Gegenwart bestimmt alle wichtigen Handlungen im Gottesdienst und das Verhalten der Gemeindeglieder. Das beginnt schon mit der Taufe: Der Taufstein steht nämlich immer in gebührender Entfernung zum Altar. Das Kind wird getauft und darf erst danach, wenn es durch dieses Sakrament zur Kirche gehört, vor den Altar und damit vor das Allerheiligste gebracht werden. Deshalb bekreuzigen sich Katholiken auch nach dem Betreten der Kirche mit dem **Weihwasser**, das in einer feierlichen Zeremonie in jeder Osternacht geweiht wird: Durch die gesamte Kirche schwebt ein Hauch von **Weihrauch**, ein für Protestanten ungewöhnlicher Duft. Weihrauch entsteht aus der vorsichtigen und sehr langsamen Verbrennung von Baumharz, das in kleine Stückchen zersplittert in besonderen Mischungen auf

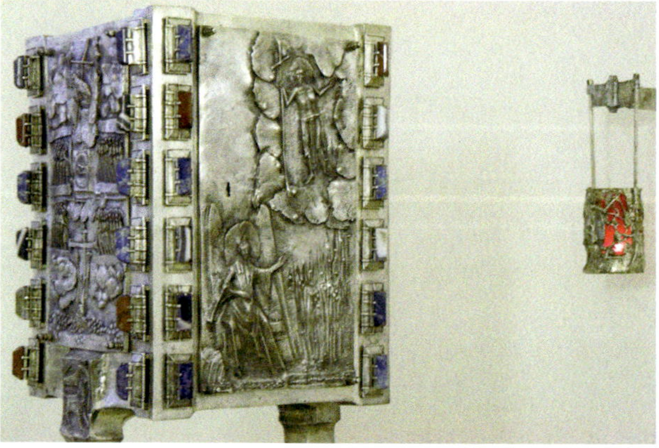

Tabernakel und Ewiges Licht

Taufbecken

Engel mit Weihwasserbecken

Nebenaltar, hier ein Marienaltar

glühende Kohlen gestreut wird. Diese Harzmischungen kommen aus aller Welt und sind zum Teil sehr teuer, je nach der Wichtigkeit des Sonn- oder Feiertages werden verschiedene Harze verwendet. Der Gottheit Weihrauch zu opfern ist eine uralte Sitte, die es bereits in vorchristlicher Zeit gab.

Durch die **Kreuzwegstationen** an den Wänden, die oft kunstvoll geschnitzten **Beichtstühle** und durch die Vielfalt der Nebenaltäre für Maria und verschiedene regional wichtige Heilige wirkt eine katholische Kirche immer viel reicher ausgeschmückt als eine evangelische Kirche. Die Kirchenbänke sind auch zum Knien angelegt, während man beim evangelischen Gottesdienst nur steht oder sitzt.

Im Eingangsbereich liegen in beiden Kirchen die Handbücher mit den Kirchenliedern und der Liturgie. In der evangelischen Kirche heißen sie Gesangbücher, in der katholischen Kirche nennt man sie »Gotteslob«.

Kreuzwegstationen

Gibt es in deiner Nähe eine katholische Kirche, in der du die beschriebenen Dinge anschauen kannst?
Falls du einmal an einem katholischen Gottesdienst teilnimmst, würdest du dich bekreuzigen und niederknien? Begründe deine Entscheidung.

Ökumene

info *Das Wort **Ökumene** stammt aus dem Griechischen und bedeutet »die gesamte bewohnte Welt.« Heute umschreibt der Begriff »Ökumene« die Bemühungen der Christenheit, sich über die Grenzen der Länder und über die Grenzen der Konfessionen hinweg zu gemeinsamer Arbeit zu vereinigen.*

Versöhnte Verschiedenheit

Vor allem im zweiten Jahrtausend ihres Bestehens spaltete sich die Christenheit in viele einzelne Kirchen und kleinere Glaubensgemeinschaften auf, die mehr oder weniger friedlich nebeneinander existierten. Trotz der klaren Unterschiede zwischen den einzelnen Kirchen gab und gibt es Überschneidungen vor allem auf drei Gebieten:

- bei der Missionstätigkeit in Übersee
- bei der Zusammenarbeit in Bibelgesellschaften
- in den weltweiten Jugendorganisationen (z. B. CVJM[1])

So kam es zu Teileinigungen zwischen einzelnen Konfessionen und das weltweite Christentum versuchte sich in Weltkirchenkonferenzen zu zentralisieren.
Die Olympischen Spiele der Neuzeit und die Gründung der Vereinten Nationen waren auf sportlicher und politischer Ebene die Vorläufer einer notwendig gewordenen Repräsentation der gesamten Christenheit.
1948 wurde in Amsterdam der Ökumenische Rat der Kirchen (ÖRK) gegründet als zentrale Organisation für alle christlichen Kirchen der Welt. Der ÖRK wird auch Weltrat der Kirchen genannt und hat heute seinen Sitz in Genf. Die Gründungsgruppe von 147 evangelischen und orthodoxen Kirchen hat sich schnell vergrößert, heute gehören über 350 Kirchen zum ÖRK.
Die Mitglieder des ÖRK bekennen ihren christlichen Glauben in versöhnter Verschiedenheit. Folgende Kriterien müssen die Kirchen für die Mitgliedschaft im ÖRK erfüllen:

- Direkter Bezug zur Bibel
- Glaube an die Erlösung durch Jesus Christus
- Glaube an den dreieinigen Gott

Der ÖRK ist keine Superkirche, denn die Eigenart jeder einzelnen Mitgliedskirche und die Besonderheit ihres Bekenntnisses werden voll anerkannt. Als Fernziel besteht die Hoffnung auf wachsende Einigkeit der Christenheit.
Ziele der ökumenischen Bewegung sind der Abbau von konfessionellen Grenzen, Entwicklung von Toleranz und Geschwisterlichkeit und die Forderung nach Gerechtigkeit, Friede und Bewahrung der Schöpfung.
In Deutschland sind die verschiedenen Konfessionen in Arbeitsgemeinschaften christlicher Kirchen (AcK) zusammengefasst. Zur AcK in Bayern gehören z. B. 16 verschiedene christliche Kirchen.
Natürlich herrscht zwischen den Kirchen nicht immer Frieden und Geschwisterlichkeit, denn in ihrer Entwicklungsgeschichte haben sich genügend Hindernisse aufgebaut, die eine Verständigung manchmal sehr schwer machen. Dazu gehören gegenseitige Verurteilungen der jeweils anderen Lehre sowie die Frage des Amtsverständnisses der Geistlichen und nicht zuletzt auch die Frage nach der Stellung, die Frauen in der jeweiligen Kirche haben.

Als sein Wahrzeichen hat der Weltrat der Kirchen das Schiff mit dem Kreuz als Mastbaum gewählt.

1 CVJM ist die Abkürzung für Christlicher Verein Junger Menschen

»Ökumene« im Sinne eines Zusammenwirkens von evangelischer und katholischer Kirche findet ihren Ausdruck vor allem im gemeinsamen Glauben an Gott und Jesus Christus, in Gebeten wie dem »Vaterunser« und dem »Glaubensbekenntnis«, in ökumenischen Gottesdiensten und bei der Gemeinde- und Sozialarbeit.

Ökumene in der Schule

»Versöhnung« – ja, wir waren uns einig, dass dies ein gutes Thema für unsere religiösen Orientierungstage sein konnte. Wir, die evangelischen und katholischen Schülerinnen der Klasse 8b, haben zwei Tage lang intensiv darüber nachgedacht, wo und wie überall in unserem Leben Versöhnung ihren Platz haben sollte: Versöhnung mit mir selbst, mit meinen Eigenarten und meinen oft unerfüllbaren Wünschen, Versöhnung in der Familie, in der Schule, in unserer Stadt, mit unserer Umwelt, in der Politik, im Weltgeschehen … Versöhnung schien uns mehr und mehr eine unverzichtbare Grundlage des Lebens zu sein.

So beschlossen wir, ein Tuch zu gestalten, auf dem, ähnlich wie auf den Hungertüchern der Passionszeit, jede ihre ganz persönliche Vorstellung von Versöhnung darstellen sollte. Je zwei Schülerinnen bekamen ein vorgeschnittenes Stück Stoff und sollten mit Filzstiften oder Stofffarben ihr Symbol für Versöhnung malen. Da wir vorher ja schon gründlich über dieses Thema nachgedacht hatten, kamen unterschiedlichste und oft überraschende Bilder zu Stande: So zeichnete z. B. eine japanische Christin, die in unserer Runde zu Gast war, das japanische Schriftzeichen für Versöhnung; und auch die Panne einer Mitschülerin, der beim Zeichnen von Yin und Yang die schwarze Farbe ins weiße Feld hinüber lief, stellte sich als ein wahres Symbol für Versöhnung dar.

Die einzelnen Stoffstücke wurden später zu einem großen Tuch zusammengenäht und mit einem Rand versehen, damit wir es während der Passionszeit in der Pausenhalle unserer Schule aufhängen konnten. Und später im Jahr nahm unsere Lehrerin dieses Tuch mit nach Erfurt, wo damals die Deutsche Ökumenische Versammlung stattfand unter dem Thema »Versöhnung suchen – Leben gewinnen«. Dort wurde unser »Versöhnungstuch« an einem der Gottesdienstaltäre als Altartuch verwendet und wir waren sehr glücklich, als wir es bei einem Bericht im Fernsehen dort hängen sahen.

Überall in der Welt machen Menschen sich ökumenische Gedanken.

Basis für Gemeinschaft

Wir wollen
auch weiterhin
unseren Weg gehen
in Gemeinsamkeit

Jeder von uns
muss immer wieder
dem anderen
etwas schenken
von dem, was er hat:
Offenheit,
Vertrauen,
Liebe.

Jeder von uns
muss auch immer wieder
gegenüber jedem anderen
etwas hinter sich lassen
von dem, was er hat:
Befürchtungen,
Ängste,
Prinzipien.

Auf diese Weise
vermögen wir
unseren Weg
weiterhin zu gehen
in Gemeinsamkeit.

Klaus Huberd

Segen aus Südkorea

Und der Strom der Wärme
und Lebendigkeit Gottes
erfülle dich,
dass alles Starre und Enge
sich löse in dir,
dass deine Seele atmet
und dein Herz tanzt,
dass deine Füße fest
auf der Erde stehen
und deine Arme
den Himmel berühren.

Gottes Lebendigkeit,
Gottes Geist ist in dir.

Was ist dem Autor wesentlich, damit Menschen gemeinsam leben können?

Der gemeinsame Pfeiler,
der die Kirche trägt:
Glaube an den dreieinigen Gott;
Bibel als alleinige Grundlage der Lehre;
Glaube, dass Jesus mit seinem Tod
unsere Schuld auf sich genommen hat.

Alphabetischer Stichwortkatalog evangelischer (E) und katholischer (K) Begriffe

Abendmahl (E)	Als Gedächtnismahl gefeierte Wiederholung des letzten Mahls Jesu mit seinen Jüngern
Bischof (E/K)	Von griech. episkopos = Aufseher E: Leiter einer Landeskirche K: Vorsteher einer Diözese oder eines Bistums
Bistum (K)	Bezeichnung für den Bezirk eines Bischofs
Dekan (E/K)	E: Bezeichnung für den aufsichtsführenden geistlichen Amtsträger eines Dekanats K: Priester, der eine Gruppe von Pfarreien eines Bistums beaufsichtigt
Dekanat(E/K)	E/K: Amtsbezirk eines Dekans
Diözese (K)	s. zu Bistum
Eucharistie (K)	griech: Danksagung Feier, bei der die Wandlung von Brot und Wein durch den Priester vollzogen wird
Hostie (E/K)	lat.: hostia = Opfer, das in der luth. Abendsmahlsfeier und der kath. Eucharistie verwendete ungesäuerte Weizenbrot in Form einer kleinen dünnen Scheibe (Oblate)
Kardinal (K)	Vom Papst verliehener Ehrentitel der Bischöfe, die im Kardinalskollegium u.a. den neuen Papst wählen
Konfirmation (E)	lat.: confirmatio = Befestigung, Bestärkung, Einführung der Getauften als aktive Mitglieder in die Gemeinde
Messe (K)	Hauptgottesdienst, in dem das Messopfer gefeiert wird
Ministrant (K)	von lat. ministrare = bedienen, Gehilfe des Priesters
Ordination (E)	Berufung zum Predigeramt und zur Sakramentsverwaltung
Papst (K)	Vom lateinischen »papa« abgeleitet, was Vater bedeutet
Reformierte Kirche (E)	Evangelische Konfessionsgemeinschaft, die v. a. auf Zwingli und Calvin zurückzuführen ist
Synode (E)	Kirchliche Versammlung auf unterschiedlichen Ebenen
Unierte Kirche (E)	Zusammenschluss von Reformierten und Lutheranern in einer Kirche, entstanden im 19. Jahrhundert
Vatikan (K)	Sitz des Papstes in Rom; die Bezeichnung geht auf den Monte Vaticano zurück, auf dem sich der Stadtteil befindet
Zölibat (K)	Die z. B. für katholische Priester vorgeschriebene Lebensform der Ehelosigkeit

Wenn du dieses Kapitel im Unterricht und zu Hause bearbeitet hast,

weißt du,
dass es verschiedene christliche Konfessionen gibt und wie sich die Mitglieder der beiden Konfessionen über Bayern verteilen.

Du hast Wesentliches erfahren
über das jeweilige Selbstverständnis und die Strukturen der evangelischen und der katholischen Kirche.

Du kannst erklären,
wodurch sich evangelisches und katholisches Verständnis von Abendmahl und Beichte unterscheiden und kennst die Sakramente beider Kirchen.

Du bist informiert darüber,
wie und weshalb die katholischen Christen Maria besonders verehren.

Du kannst
die Wesensmerkmale klösterlichen Lebens wiedergeben.

Du kennst
Besonderheiten, die es in einer katholischen Kirche gibt.

Du bist darüber informiert,
was Ökumene bedeutet und kannst Beispiele dafür nennen.

wissen

kennen

können

informiert sein

erklären

begründen

überprüfen

beurteilen

Fernöstliche Religiosität: Fremdes kennen und achten lernen

Vom Göttlichen umhüllt ist dieses alles, was immer sich in dieser Welt bewegt. Durch Entsagen genieße! Strebe nicht nach eines anderen Besitz.

1. Satz der Upanischaden

Das Rad der Wiedergeburt

Hinduismus

*Der Begriff **Hinduismus** steht für eine Vielzahl von Religionen und religiösen Gruppierungen. Das Wort **Hindu** kommt vom altindischen »sindhu«, dem Fluss Indus. »Hindu« bezeichnet folglich das Land und die Menschen, die darin wohnen.*

Geschichte und Ausbreitung

Der Hinduismus, dessen Anfänge im Dunkeln liegen, hat sich in seiner über 3000-jährigen Geschichte stetig weiterentwickelt und immer wieder verändert. Um 1500 v. Chr. eroberte ein indogermanischer Volksstamm, die Arier, Indien und zerstörte dort die alte Stadtkultur. Erst ab 800 v. Chr. begann sich die Religion der Arier mit den Glaubensüberlieferungen zu vermischen, die bereits vor der Eroberung im Land verbreitet waren. Die heute in Indien vorherrschenden Religionen bildeten sich ab dem 4. Jahrhundert v. Chr. heraus. Zu den Hauptrichtungen der neuen Religionen kommen Strömungen, die von außerindischen Religionen, wie z. B. dem Christentum und dem Islam, beeinflusst sind. Außenstehenden fällt es oft schwer, die Vielfalt und die Widersprüchlichkeit der Bräuche und Lehren als einer Religion zugehörig zu verstehen.

Alle Glaubensrichtungen des Hinduismus erkennen die Autorität der **Veden**[1] an, das sind die heiligen Schriften des Hinduismus. Diese älteste hinduistische Textsammlung ist in einem langen Prozess der mündlichen und schriftlichen Überlieferung zwischen 1500 und 500 v. Chr. entstanden. Sie enthält Lieder, Opfer- und Zaubersprüche sowie theologische Erklärungen. Die jüngste Textgruppe der Veden umfasst die berühmten **Upanischaden**[2]. Dies sind Geheimlehren über den Weg aus dem Kreislauf der Wiedergeburt. Um 300 v. Chr. entstand die **Bhagavadgita**[3], eine der meistgelesenen Schriften des Hinduismus. Sie ist ein Lehrgedicht über den Lebenskampf, in dem der Mensch das Irdische schließlich überwindet.

Heute ist der Hinduismus beinahe ausschließlich die Religion der Inder. In Teilen Sri Lankas, in Nepal und in Bali ist der Hinduismus ebenfalls verbreitet. Weltweit gibt es ca. 800 Millionen Anhänger dieser Religion. In Deutschland gab es im Jahr 2003 ca. 250.000 Anhänger, davon waren ungefähr 130.000 gebürtige Deutsche.

1 Veda bedeutet »Wissen«
2 Upanischaden heißt so viel wie »Das Sich-in-der-Nähe-Niedersetzen (bei einem Lehrer)«
3 Bhagavadgita bedeutet »Gesang des Erhabenen«

info

Neben den »Veden« gibt es in Indien viele Erzählungen, in denen die heiligen Schriften für alle Volksschichten verständlich ausgelegt werden. Eine davon ist »Die Parade der Ameisen«.

Die Parade der Ameisen

Nachdem der Götterkönig Indra den Schlangendämon Vrta besiegt hatte, ging er voll Stolz daran, den zerstörten Palast in aller Pracht neu aufzubauen. Er beauftragte damit Wischvakarman, den Gott der Künste und Handfertigkeiten, der ununterbrochen arbeiten musste, denn der Palast sollte größer und schöner werden als alle Paläste zuvor. Indra fielen immer wieder neue Ideen für den Palast ein und er brachte damit Wischvakarman beinah zur Verzweiflung. In seiner Not wandte der sich an den Schöpfergott Brahma. Dieser hörte seine Beschwerde an und versprach ihm, dass er bald von seiner Last befreit würde. Und tatsächlich begab sich Brahma zum Allerhöchsten, zu Wischnu selbst und brachte Wischvakarmans Anliegen vor. Wischnu sagte seine Unterstützung zu, indem er sein Haupt ein klein wenig neigte.

Früh am nächsten Morgen kam ein etwa zehnjähriger weiser Brahmanenknabe zum Palast Indras. Der König verneigte sich vor dem heiligen Kind und fragte nach dem Zweck des Besuches des verehrungswürdigen Knaben. Dieser antwortete, er habe von dem mächtigen Palast gehört und er hätte gern gewusst, wie lange Wischvakarman noch brauchen würde, ihn zu vollenden. Bisher habe es noch kein Indra geschafft, solch einen Palast fertig bauen zu lassen.

»Kennst du denn noch andere Indras?«, fragte Indra belustigt.

»Ja, ich habe viele von ihnen gesehen«, antwortete der Knabe mit so süßer, warmer Stimme, dass Indra ein Schaudern durch die Adern fuhr. »Ich kannte deinen Vater, Kaschyapa, den alten Schildkrötenmann, den Herrn und Erzeuger aller Kreaturen auf Erden«, fuhr der Knabe fort. »Ich kannte Maritschi, Brahmas Sohn, Brahma, das Geschöpf Wischnus, entstanden aus dem Lotoskelch, der aus seinem Nabel wuchs. Und Wischnu selbst, das höchste Wesen, kenne ich auch.« Der Knabe berichtete weiter von der furchtbaren Zerstörung des Alls am Ende jedes Kreislaufes und wie in jedem Zeitalter immer neue Brahmas und Indras entstanden.

»Manche behaupten«, fuhr er fort, »es sei möglich, die Sandkörner auf Erden und die Regentropfen vom Himmel zu zählen, aber niemand wird jemals alle Indras aufzählen können.« Und der Knabe sagte Indra, dass das Leben und Herrschen eines Indra einundsiebzig Äonen[1] dauerte und wenn achtundzwanzig Indras erloschen seien, wären ein Tag und eine Nacht Brahmas zu Ende. Und das Dasein eines Brahma in solchen Brahmatagen und -nächten dauerte genau 108 Jahre. So folgten Brahma auf Brahma, ohne Ende. Dazu gäbe es unzählige parallele Welten mit ihren Brahmas und Indras. Alle jene Welten schwämmen wie Boote im unendlichen Wasserleib Wischnus.

Während das Kind sprach, zog eine Schar Ameisen an den beiden vorbei, und der Knabe lächelte. Zunächst wollte er Indra nicht sagen, welches Geheimnis sich hin-

1 Äon: eine sehr lange Zeitdauer

ter diesem Lächeln verbarg. Aber der König flehte, inzwischen von Demut überfallen, und der Knabe belehrte ihn: »Ich sah die Ameisen, Indra, in langer Parade vorbeiziehen, und jede war einst ein Indra. Gleich dir erhob sich jeder durch das Verdienst frommer Handlungen einstmals zum Rang eines Götterkönigs. Doch nun, durch viele Wiedergeburten hindurch, ist jeder wiederum zur Ameise geworden.« Und der Knabe eröffnete Indra das Geheimnis der Taten und Folgen, das Gesetz des Karma, das wiederum eingehüllt ist in den ewigen Ablauf von Geburt und Tod, Entstehen und Vergehen.

Am Ende dieser Rede war Indra trotz seines himmlischen Glanzes vor sich selbst zur Unbedeutsamkeit zusammengeschrumpft. Doch nun betrat ein anderer die Empfangshalle, ein in Tierfelle gehüllter Asket[2], auf dessen Brust ein Büschel Haare wuchs, in dessen Mitte bereits ein Teil fehlte. Dieser Asket war Schiwa, der dem König erklärte: »Ich habe wenig Zeit, denn ich werde sterben, wenn alle Haare meines Büschels ausgefallen sind. Jedes Haar bedeutet einen Indra. Mit dem Ende eines Brahma sterbe auch ich. Mein ganzes Bestreben ist es, in die ewige Gegenwart des höchsten Gottes einzugehen.«

Nachdem die beiden Gäste gegangen waren, begann Indra über alles nachzudenken. Er beschloss, Einsiedler zu werden. Darüber war seine Frau sehr verzweifelt und sie bat Brhaspati, den klugen Hauspriester Indras, mit ihrem Mann zu reden. Brhaspati hielt Indra einen gelehrten Vortrag über die Vorzüge des geistlichen Lebens als Einsiedler, aber auch über die Tugenden des weltlichen Daseins. So wurde Indra dazu überredet, von seinem Entschluss abzulassen, und seine Frau erblühte vor Freude in neuer Schönheit.

Indra, der zunächst in seinem grenzenlosen Stolz gedemütigt und von seinem übermäßigen Ehrgeiz geheilt worden war, gelangte durch geistliches und weltliches Wissen zur Erkenntnis der Rolle, die ihm im kreisenden Spiel nie enden wollenden Seins zukam.

Nepalesischer Sadhu (= ein Heiliger, der der Welt entsagt hat) trocknet seine zwei Meter langen Haare

2 Asket: Mensch, der auf Speise, Trank, Wohnung, Schlaf, Kleidung, Besitz und Geschlechtsverkehr verzichtet.

Bestimmt kommt dir vieles in dieser Geschichte fremd vor. Die Gedankenwelt des Hinduismus ist eben ganz anders als unsere. Trotzdem kannst du erkennen, welches Weltbild und welche Glaubensvorstellungen in dieser Erzählung deutlich werden.
Die vielen unbekannten Begriffe und Vorstellungen werden auf den nächsten Seiten erklärt.

Die Grundordnung im Hinduismus

Spricht man vom Hinduismus, so kehren bestimmte Begriffe immer wieder. Die meisten Worte stammen aus einer der alten indischen Sprachen, dem Sanskrit. Oft wurden sie zunächst ins Englische und erst dann ins Deutsche übersetzt. Das erklärt auch die manchmal unterschiedliche Schreibweise. Um zu verstehen, wovon im Hinduismus die Rede ist, muss man wissen, was sich hinter diesen Begriffen verbirgt.

Dharma – »die ewige Ordnung«

Unter »Dharma« versteht der Hindu einerseits die stabile kosmische Ordnung, die geprägt ist durch den ewigen Ablauf von Geburt und Tod, Entstehen und Vergehen, und andererseits auch die ethischen und rituellen Pflichten, die ein jeder an seinem Platz im Leben zu erfüllen hat.

- Welche Auswirkungen könnte das Dharma auf die Lebensgestaltung haben?

Samsara – Das Rad der Wiedergeburt

Hindus glauben nicht an einen Anfang und ein Ende der Welt, sondern daran, dass sie immer wieder neu entsteht und ebenso wieder vergeht. Symbol dieses Kreislaufs ist das Rad, das sich stets um die eigene Achse dreht. Ähnlich wie der Zyklus der Welt verläuft das Leben des Menschen: Er wird geboren, lebt, stirbt und wird wieder geboren. Dieser Vorstellung liegen Beobachtungen aus der Natur zugrunde.

- Welche Beobachtungen aus der Natur könnten hier gemeint sein?

Mokscha – Die Erlösung

Ziel eines jeden Hindu ist die Erlösung oder Befreiung aus dem Kreislauf der Wiedergeburt. Es gibt viele Erlösungswege. Einfache Formen sind z. B. Gebete, Teilnahme an oder Gestaltung von Festen, Wallfahrten, Opferhandlungen und Reinigungsriten. Anspruchsvollere Wege, die nur unter Anleitung eines Lehrers unternommen werden können, bestehen z. B. aus Yogaübungen und Meditation.

- Was verstehen Christen unter Erlösung?

Karma – Das Gesetz der Vergeltung

Jedes Dasein ist die Folge eines früheren Daseins. Der Mensch bestimmt durch seine Handlungen, in welcher Daseinsform (z. B. Pflanze oder Tier) oder gesellschaftlicher Stellung er wiedergeboren wird. Alle Wesen, auch die Götter, unterliegen diesem Gesetz.

- Wie könnte das Gesetz der Vergeltung sich auf das Zusammenleben der Menschen auswirken?

info *__Brahman__ und __Atman__ sind Begriffe, die in den Upanischaden von zentraler Bedeutung sind. Brahman ist das absolute, allem Seienden zugrunde liegende Prinzip. Atman bedeutet so viel wie Hauch, Seele.*

Der Glaube an das Göttliche

Im Unterschied zum Gottesverständnis im Christentum, im Islam und im Judentum glauben Hindus nicht an einen Gott, den sie persönlich ansprechen können, sondern an **Brahman** – das Göttliche. Brahman ist der Urgrund aller Dinge, der mit Worten niemals fassbar ist. Brahman ist aber auch der Geist, der in allen lebenden Dingen neue Formen annimmt, und dann jeweils als **Atman** in diesen Wesen vorhanden ist. Diese Erkenntnis, dass der individuelle Atman letztlich identisch ist mit dem universellen Brahman, führt zur Erlösung.

Ein Gleichnis aus den Upanischaden:

Als Svetaketu nach dem Verhältnis von Brahman zu Atman fragte, wies ihn sein Vater an, Salz ins Wasser zu werfen. Am nächsten Tag sprach er zu seinem Sohn: »Bring mir das Salz, das du gestern Abend ins Wasser geworfen hast!«
Svetaketu griff in das Wasser und fand nichts. Es war, als ob das Salz verschwunden wäre.
»Nimm einen Schluck aus der Mitte«, forderte ihn sein Vater auf. »Wie schmeckt das Wasser?«
»Salzig.«
»Nimm einen Schluck vom Boden. – Wie schmeckt das Wasser?«
»Salzig.«
»Gieß es weg und komm zu mir.«
Svetaketu goss das Wasser weg und sagte: »Das Wasser schmeckt immer gleich, aber das Salz ist fort.«
»Ja, mein Lieber, so ist es. Du bemerkst das Salz nicht, und doch ist es da. Und so ist es mit Brahman und Atman. Das, was dieses Feinste und Flüchtigste ist, darin besteht das eigentliche Wesen von allem. Das ist die Wirklichkeit. Das ist Atman. Du selbst, Svetaketu, du bist dieses.«

■ **K**annst du mit eigenen Worten das Verhältnis von Brahman zu Atman erklären?

Der Glaube an die Götter

Neben dem Göttlichen gibt es im Hinduismus jedoch eine schier unüberschaubare Anzahl von Göttern, die der Hindu jeweils als eine der vielen Erscheinungsformen des Brahman ansieht. Dieser zeigt sich in vielen unterschiedlichen Gestalten. Zu jeder Gottheit gibt es eine Geschichte, jede ist für etwas Bestimmtes zuständig. Und dennoch wird hinter der Verschiedenheit eine Einheit gesehen, nämlich Brahman, das Göttliche.

Schiwa

Schiwa zerstört das Alte, schenkt aber immer wieder neues Leben. In seiner Hand hält er eine Sandtrommeluhr, damit schlägt er den Rhythmus, in dem die Welten entstehen. Der linke obere seiner vielen Arme hält das Feuer, mit dem er am Ende die Welt zerstört.

Wischnu

Er ist der Hüter von Gesetz und Ordnung, wenn Unrecht Überhand zu nehmen droht. Man nennt ihn auch den »Erhalter«. In der rechten oberen Hand hält er eine Diskusscheibe, die seine uneingeschränkte Herrschermacht – auch über den Kreislauf der Wiedergeburt verdeutlicht. Die linke untere Hand hält eine Lotusblume, Symbol für seine Gattin, die Göttin des Wohlstands und Glücks. Eine Keule symbolisiert Autorität und Macht. Das Muschelhorn wird zum Kampf wie auch zum Gottesdienst geblasen.

Sarasvati

Die Göttin des Wissens, des Lernens, der Kunst und der Musik wird vor allem von Kindern verehrt, die Hilfe in der Schule benötigen. An dem ihr gewidmeten Feiertag stellt man Musikinstrumente, Schreibgeräte und Textbücher vor ihr Bild, um diese Gegenstände segnen zu lassen. Und auch die Schulkinder erhalten einen speziellen Segen, damit sie besser lernen können.

Brahma

Brahma – nicht zu verwechseln mit Brahman, dem Geist, der allem Seienden innewohnt – ist der Herr der Geschöpfe, der das Universum schuf. Er wird mit vier Gesichtern dargestellt, weil er damit das ganze Universum überblicken kann.

Ganescha

Der Elefantengott ist einer der beliebtesten hinduistischen Götter. Er ist der Gott der Klugheit und des Wohlstands. Wer ihn verehrt, erhofft sich Glück und Reichtum. Ganescha wird vor jeder neuen Handlung angebetet und um Erlaubnis gefragt, wenn z. B. ein Haus oder ein Auto gekauft werden soll.

Religion und Gesellschaft im Hinduismus

Die Gesellschaftsordnung der Hindus ist bis heute durch das ***Kastenwesen*** *geprägt. Eine Kaste ist eine Gruppe, die sich einerseits nach außen hin durch bestimmte Sitten und Bräuche abgrenzt, und die andererseits durch spezifische Verpflichtungen, die jeder Einzelne zu erfüllen hat, zusammengehalten wird. Zur Entwicklung des Kastensystems hat das Bestreben der eingewanderten Arier beigetragen, sich gegen die unterworfene Urbevölkerung abzugrenzen. Durch die Zu-*

Das Kastenwesen

Ein Hindu wählt seine Religion nicht aus, er wird in seine Religion und damit auch in eine Kaste hineingeboren. Die indische Gesellschaft ist in vier Kasten eingeteilt:

Die oberste Stellung der Rangordnung nehmen die **Brahmanen** ein. Sie sind die Vertreter des Geistigen. Sie kennen die heiligen Schriften, führen zum Teil heute noch die Opfer und Rituale durch. Bei wichtigen Entscheidungen werden sie befragt, denn sie haben Kontakt zu den Göttern und wissen daher, was das Richtige ist.

Die zweite Kaste bilden die **Kshatriyas**, die Krieger, die Adligen und die politisch Verantwortlichen. Sie müssen das Land verteidigen und regieren. Offiziere und Regierungsbeamte kommen aus dieser Kaste.

Die dritte Kaste bilden die **Vaishyas**. Sie setzen sich zusammen aus Bauern, Händlern und Handwerkern. Diese versorgen sich und den Rest der Gesellschaft mit dem Lebensnotwendigen.

Und dann gibt es noch eine vierte Kaste, die **Shudras**, welche die dienenden Aufgaben für die Gesellschaft übernehmen, z. B. Gärtner, Fischer und Töpfer.

Die Shudras sind jedoch noch nicht die unterste Schicht. Es gibt auch noch die Unberührbaren/ Kastenlosen. Sie leben als Außenseiter in der Gesellschaft der Hindus.

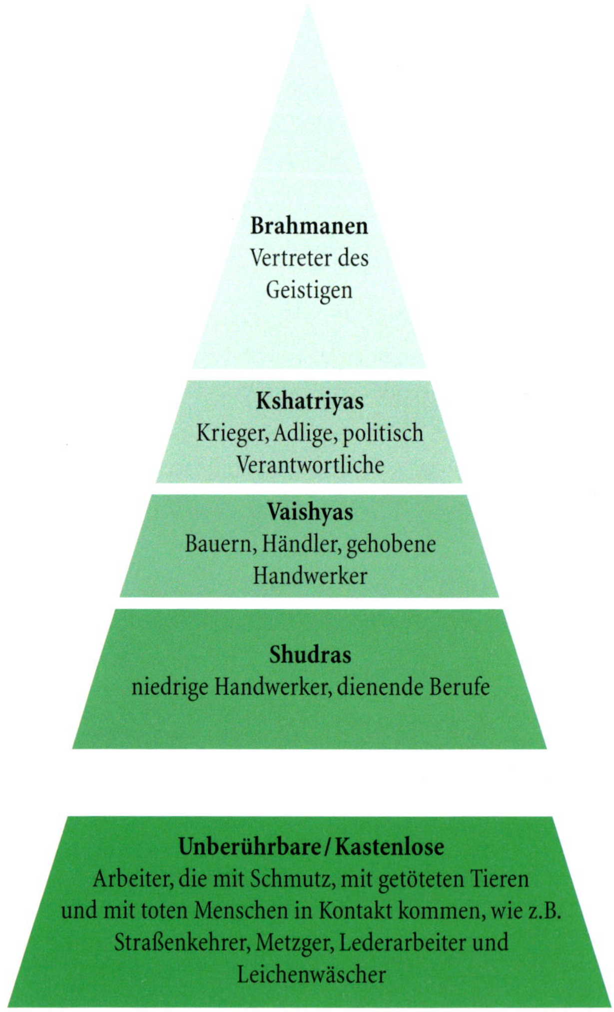

Welcher Zusammenhang besteht zwischen der Lehre vom Dharma und dem Kastenwesen?
Inwiefern unterscheidet sich die indische Gesellschaftsordnung von unserer christlichen?

gehörigkeit zu einer Kaste ist der Hindu in ein soziales Gefüge eingebettet, das ihm in vieler Hinsicht Unterstützung zukommen lässt. Das strenge Festhalten am Kastenwesen bedeutet für den Einzelnen jedoch auch oft eine Einschränkung in seiner persönlichen Freiheit. Ein modernes Staatswesen lebt auch von der Mobilität seiner Bürger. Deshalb enthält z.B. die indische Verfassung ein Verbot der Kasten. Die in der Verfassung festgeschriebenen Rechte der Bürger bestimmen jedoch auch heute noch nicht überall das tägliche Leben. Hier herrscht meist noch das religiöse Gesetz des »Dharma« vor.

Aus der indischen Verfassung von 1949

§ 14
Der Staat darf keiner Person Gleichheit vor dem Gesetz oder Schutz durch das Gesetz verweigern.

§ 15
Der Staat darf keinen Bürger benachteiligen aus Gründen seiner Zugehörigkeit zu einer bestimmten Religion, Rasse oder Kaste oder seines Geschlechts oder seiner Geburtsstellung wegen. Keinem Bürger darf aus diesen Gründen der Zutritt zu Läden, zu öffentlichen Gasthäusern und Unterkünften verweigert werden noch die Benutzung von Brunnen, Teichen (...) Straßen und anderen Plätzen, die der Allgemeinheit dienen.

§ 16
Alle Bürger haben zu den Staatsämtern den gleichen Zugang und die gleiche Möglichkeit.

§ 17
Die »Unberührbarkeit« ist abgeschafft und ihre Aufrechterhaltung in irgendwelcher Form ist verboten. Die Durchsetzung irgendwelcher aus Unberührbarkeit sich ergebender Rechtsnachteile soll ein gemäß den Gesetzen strafbares Vergehen sein.

Kaste und Dharma – Zwei Begebenheiten

Hans Dieter Czeyka ist Leiter der Klasse »Technische Zeichner« in Kathmandu. Die Schule wurde 1967 eröffnet. In Czeykas Klasse ist ein Brahmane – also ein Angehöriger der höchsten Klasse. Der Junge ist der bei weitem schlechteste und faulste Schüler. Als Czeyka zum nepalesischen Werkmeister geht, um eine Zurechtweisung zu erwirken, weigert sich dieser – mit dem Hinweis auf die Kastenzugehörigkeit des Schülers – einen Verweis auszusprechen.
Aus dem gleichen Grunde wurde auch die Aufnahmeprüfung wieder abgeschafft: Ein Brahmane könnte durchfallen.

Ein aufgeklärter Hindu einer höheren Kaste bittet einen Unberührbaren in sein Haus. Der aber bleibt, wie es früher Sitte war, vor der Tür stehen und sagt: »Wenn Sie Ihre Religion aufgegeben haben, junger Herr, so habe ich doch die meinige behalten.« Und er weigert sich, das Haus des anderen zu betreten, das er nach seiner eigenen Meinung verunreinigen würde.

Inwiefern verstößt das Kastenwesen gegen die indische Verfassung?

info

Besonders problematisch ist die Stellung der Kastenlosen innerhalb der indischen Gesellschaft. Im Folgenden berichtet Bama, eine Autorin, die dem Volk der Tamilen angehört, das vor allem in Südindien lebt und einen sehr alten Dialekt spricht, aus ihrer Kindheit.

Erlebnisse einer »Unberührbaren«

Meine Großmütter arbeiteten beide für Familien aus der Kaste der Naikir. Eine von ihnen wurde bei der Arbeit auf den Feldern schon von ganz kleinen Kindern, richtigen Babys noch, respektlos mit ihrem Vornamen angeredet und herumkommandiert, nur weil diese zur Naik-Kaste gehörten. Und wie alle anderen Arbeiter nannte diese Großmutter den kleinen Jungen Ayya, Herr, und rannte hin und her, um seine Anweisungen zu befolgen. Es war beschämend das mit anzusehen. Sogar die Art und Weise, wie ihnen ihr Trinkwasser gegeben wurde, war ein bestürzendes Schauspiel. Die Naik-Frauen gossen das Wasser aus einer Höhe von über einem Meter aus, während meine Paatti[1] und die anderen es in ihren hohlen Händen auffingen und tranken. Ich fühlte mich jedes Mal schrecklich, wenn ich es beobachtete. Mit meiner anderen Paatti war es dasselbe. In der Morgendämmerung ging sie zu den Häusern der Naikar, fegte den Kuhstall aus, schaffte den Mist und den Dreck fort und brachte dann die Reste von Reis und Curry vom Vorabend mit nach Hause. Und aus irgendeinem Grund tat sie dabei so, als hätte man ihr göttlichen Nektar geschenkt.

Es dauerte lange, bis mir klar wurde, dass Paatti das übriggebliebene Essen mit nach Hause brachte, das die Naikar sonst weggeschmissen hätten. Eines Tages ging ich mit Paatti zum Haus der Naikar. Als sie mit ihren schmutzigen Arbeiten fertig war, stellte Paatti ihre mitgebrachte Schale neben den Abfluss. Die Hausherrin kam mit ihren Essensresten heraus, lehnte sich aus einigem Abstand zu uns herüber, schüttete alles in Paattis Schale und verschwand. Offenbar durfte ihre Schüssel die von Paatti nicht berühren, damit sie nicht unrein würde. Etwas später sagte ich zu Paatti, sie solle sich nicht so behandeln lassen, es sei scheußlich, das zu sehen. Darauf gab mir Paatti zur Antwort: »Diese Menschen sind die Maharadschas, die uns unseren Reis zu essen geben. Wie sollen wir ohne sie überleben? Sie gehören eben schon seit Generationen einer hohen Kaste an und wir einer niedrigen. Können wir das etwa ändern?«

Mein älterer Bruder, der an einer Universität studierte, kam in den Ferien nach Hause. Dann ging er oft in die Bibliothek unseres Nachbardorfes, um sich Bücher auszuleihen. Eines Tages ging er gerade am Bewässerungsteich entlang nach Hause, als ein Mann aus der Naik-Kaste ihn einholte. Er erkannte meinen Bruder nicht, also fragte er ihn: »Wer sind Sie denn, wie heißen Sie?« Mein Bruder sagte seinen Namen. Der andere fragte sofort: »Und in welcher Straße wohnst du, Junge?« Wenn er nämlich erfahren konnte, in welcher Straße wir wohnten, würde er damit auch unsere Kaste wissen. Die Antwort meines Bruders war scharf wie ein Schlag ins Gesicht: »Ich bin Paraya[2] aus der Cheri[3]-Straße.« Dann ging er erhobenen Hauptes so schnell er konnte davon. Der Naik war wütend, denn er merkte, dass er bloßgestellt worden war. Er fragte jemand anderen, der gerade in der Nähe war: »Wer ist dieser Kerl? Hör dir bloß an, wie der redet.« Der andere erklärte, wer mein Bruder war, indem er unsere Paatti erwähnte. »Oh, das ist der Enkel von unserer Rakamma[4] .«

1 Paatti = tamil: Großmutter

2 »Paraya« ist der Ursprung des Wortes »Paria«. »Paraya« ist eine Kaste von »Unberührbaren« in Südindien, ursprünglich Trommler, d. h. sie kamen in Berührung mit der Haut von toten Tieren und galten deshalb als unrein.

3 »Cheri« ist der Teil des Dorfes oder der Stadt, wo die »Unberührbaren« leben.

4 »Rakamma« ist ein Eigenname.

Am nächsten Tag, als Paatti zur Arbeit ging, sprach der Naik sie ärgerlich an. »Wie kann dein Enkel es wagen, so arrogant zu mir zu sein?« Paatti konnte ihn beruhigen, indem sie sagte: »Sie müssen das verstehen, Herr, er ist ein gebildeter junger Mann, diese Jungen vom College reden eben so.«
Offenbar war es in der Bibliothek genauso. Die jungen Parayas aus der Cheri-Straße wurden auf eine ganz bestimmte Weise angesehen, mit einer gewissen Verachtung. Als mein älterer Bruder einmal für seine ausgeliehenen Bücher unterschrieb, beschloss er plötzlich, hinter seinen Namen noch seinen Universitätsabschluss, M. A., zu setzen. Sofort brachte ihm der Bibliotheksmitarbeiter einen Hocker zum Sitzen und außerdem nannte er ihn »Sir«.
Mein großer Bruder erzählte mir von diesen Erlebnissen und er fügte hinzu: »Weil wir in die Paraya-Kaste geboren wurden, gesteht niemand uns Ehre oder Würde oder Respekt zu. All das spricht man uns ab. Aber wenn wir lernen und etwas aus uns machen, können wir solche Demütigungen abschütteln. Also lerne fleißig, lerne so viel du kannst. Wenn du in der Schule den anderen immer voraus bist, kommen sie von selbst und wollen deine Freunde sein. Arbeite hart und lerne!« Was mein großer Bruder an diesem Tag sagte, hinterließ bei mir einen tiefen Eindruck. Und ich lernte eifrig, fast fieberhaft, legte mein ganzes Herz und meine ganze Seele hinein. Wie mein Bruder mir so dringend geraten hatte, war ich die Beste in meiner Klasse. Und deshalb hatte ich auch viele Freunde, obwohl ich eine Paraichi[5] bin.
Trotzdem war es in der Schule dasselbe. Immer wurde

schlecht von Leuten aus unserer Kaste gesprochen. Sobald jemand etwas angestellt hatte, hieß es sofort und ohne Nachdenken: »Das muss eines von den Cheri-Kindern gewesen sein.« Etwa drei Viertel der Kinder in der Schule waren Pallar oder Parayas, also sogenannte »Unberührbare«. Dennoch hatten die Priester die Schule in der Straße der höher gestellten Nadar gebaut. Das Gebetshaus war in derselben Straße, ebenso wie das Wohnhaus der Priester.
Alle schienen uns Harijan-Kinder[6] zu verachten, was sie aber nicht daran hinderte, uns als billige Arbeitskräfte auszunutzen. Also trugen wir Wasser zum Haus des Lehrers, wir gossen die Pflanzen. Wir erledigten alle Arbeiten, die rund um die Schule getan werden mussten.

5 »Paraichi« ist die weibliche Form der Paraya.
6 »Harijan-Kinder« ist eine Bezeichnung Gandhis mit der Bedeutung »Kinder Gottes«

Welche Möglichkeiten sehen die Geschwister, von Angehörigen anderer Kasten anerkannt zu werden?

Respekt vor dem Leben – Gewaltlosigkeit im Hinduismus

Die heilige Kuh

»Seltsam, diese Feierlichkeiten der Kuh gegenüber«, sagte ich zu Chawasdana, »es fällt einem immer in den ersten Tagen auf, wenn man aus Europa kommt, und ich bin doch heute Morgen erst angekommen. Nach ein paar Tagen habe ich mich wieder daran gewöhnt.« »Ja, die Kuh«, sagt er und er sieht mich an mit seinen braunen, weichen Augen, »als ich damals aus London zurückkam, war mir das zuerst auch wieder seltsam, aber ich habe mich daran gewöhnt. – Darf ich Ihnen etwas sagen?« Ich nicke und er fährt fort: »Ich finde es übrigens nett von Ihnen, dass Sie nicht über die Kühe lachen, dass Sie nicht Ihre abfälligen und überlegenen Bemerkungen machen wie die meisten Europäer. Sie wissen gar nicht, wie weh sie uns tun. Die Kuh ist das Symbol Schivas, das Symbol der Gottheit, sie ist der Vertreter der Gottheit.«
»Ich verstehe das sehr wohl«, sage ich, »ursprünglich hatten Götter Tiersymbole, denn Tiere sind stärker, kräftiger als der Mensch, sie sind dem Menschen überlegen. Auch bei uns sind die Götter ursprünglich Tiere, Thor z.B. ist ein Widder.« »In der Kuh sehen wir die Offenbarung Gottes. Sie wissen doch auch, dass alles, was von der Kuh kommt, uns heilig ist, die Milch, die Butter, der Dung, der Urin. Die Kuh gibt uns nicht nur Milch, sie liefert darüber hinaus mit ihrem Kuhdung, wenn er in der Sonne getrocknet ist, Brennmaterial. Sie reinigt die Straßen von Essensresten, denn viele Inder essen von Blättertellern, die nach dem Essen weggeworfen werden. Das Einreiben mit den Produkten der Kuh bringt uns der Gottheit näher. Alle Kühe stehen der Gottheit nahe, auch die, die arbeiten müssen; heilig sind nur die, die in Tempeln gehalten werden und die frei durch das Land und durch die Straßen ziehen.« Wir biegen um eine Straßenecke, da stehen die Elektrischen in langen Reihen, immer eine hinter der anderen, sie können nicht weiterfahren, eine heilige Kuh liegt auf den Schienen. Die Schaffner versuchen, sie zum Aufstehen zu überreden, sie streicheln sie, sie sprechen auf sie ein – die Kuh rührt sich nicht. Keiner der Fahrgäste wird unruhig, keiner wird unzufrieden, einige steigen aus, holen aus den Läden Grünzeug, halten es der Kuh zum Fressen hin – die Kuh rührt sich nicht. »Sehen Sie die Kuh«, sage ich, und wir treten auch dazu, »sie will nicht aufstehen, sie hält den ganzen Verkehr auf. In den Bahnen sind doch Menschen, die es eilig haben, Menschen die zum Büro müssen, zum Gericht, zur Eisenbahn. Die alte, uralte Religion und der moderne Verkehr. Wer weicht?« Da erhebt sich die Kuh ganz langsam, sie steht auf, blickt mit großen runden Augen um sich. Sie trottet weiter hinüber zum Bürgersteig, als ob ihr die Welt ganz allein gehöre. Die Straßenbahnen klingeln, die Menschen rufen, es ist ein großer Lärm, die Kuh geht unbekümmert ihres Weges. Dann setzt der Verkehr wieder ein, die Autos fahren weiter, die Straßenbahnen kurbeln an, das Leben der großen Stadt erwacht von Neuem.

Inwiefern zeigt sich in der Behandlung der Kuh die Achtung vor allem Lebendigen?

info

*Denkt man heute an Indien, dann fällt einem sofort ein kleiner Mann ein, der in weiße Tücher gewickelt ist: **Mahatma Gandhi** (1869–1948). Der Ehrenname »Mahatma« wurde ihm von einem indischen Dichter gegeben. Mahatma heißt so viel wie »große Seele«.*

Die große Seele – Mahatma Gandhi

Mohandas Karamchand Gandhis Heimat Indien war zu seiner Zeit eine britische Kolonie, das heißt, die Engländer beherrschten das Land. Sie hatten in Indien weit mehr Rechte als die Inder. Die große Mehrzahl der Bewohner arbeitete sehr hart, lebte jedoch in Armut. Gandhi beschloss, diesem Missstand ein Ende zu setzen, und er hatte Erfolg. 1947 erreichte er sein Ziel: Die Engländer verließen Indien. Wie konnte ein so unscheinbarer Mann so viel erreichen? Verfügte er über Soldaten, Gewehre, Bomben? Hatte er vielleicht ein gewichtiges politisches Amt? Nein, dies war nicht der Weg, den Gandhi wählte. Ohne ein politisches Amt inne zu haben, wurde Gandhi zum Führer der indischen Unabhängigkeitsbewegung. Seine Waffe war wirkungsvoll: Sie hieß **Ahimsa** – zu Deutsch **Gewaltlosigkeit**. Das Spinnrad wurde zum Symbol seines Widerstandes gegen die Engländer. Gandhi war der Meinung, dass die Inder so arm waren, weil die Textilfabriken der Dorfbevölkerung die Arbeit weggenommen hatten. Die Fabriken gehörten reichen Briten. Gandhi sagte den Indern, sie sollten wieder selbst Schafwolle spinnen. Diese Maßnahme drosselte auch den Import der Textilien aus England. Arme Familien konnten wieder etwas Geld verdienen.

Ein weiteres gewaltloses Mittel zum Erreichen der Unabhängigkeit Indiens waren friedliche Demonstrationen. Beispielsweise traten 2500 Gandhi-Anhänger einen langen Marsch zu den Salzwerken an, um gegen die von den Briten erhobene Salzsteuer zu protestieren. In Weiß gekleidet fanden sie sich zusammen, traten in Gruppen jeweils 400 indischen Polizisten entgegen und warteten friedlich darauf, brutal zusammengeschlagen zu werden. Sie wehrten sich nicht, aber die Presse berichtete von diesem Vorfall.

Das Kastenwesen lehnte Gandhi zwar nicht grundsätzlich ab, weil es Teil seines hinduistischen Glaubens war, dennoch protestierte er gegen die schlechte Behandlung der untersten Kaste, der »Unberührbaren«. Er gab ihnen den Namen »Kinder Gottes«. An den Folgen einer Fastenaktion zur Verbesserung der Lebensverhältnisse wäre Gandhi beinahe gestorben. Mahatma Gandhi zeigte uns, dass es völlig normal ist, mit Randgruppen zusammen zu leben.

Die Einigung von Hindus und Moslems war das letzte Ziel, das Gandhi in Angriff nahm. Seine freundliche Einstellung zu den in Indien lebenden Moslems führte dazu, dass er am 20. Januar 1948 von einem fanatischen Hindu erschossen wurde.

Wie könnte ein Interview für die Schülerzeitung mit Mahatma Gandhi aussehen?
Wer sind in unserer Gesellschaft die »Unberührbaren«?
Wogegen kannst *du* gewaltlos protestieren?

Abspaltung vom Hinduismus – Buddhismus

info

*Prinz **Siddharta Gautama**, später »Buddha« (der Erleuchtete) genannt, der Begründer des Buddhismus, wurde um 560 v. Chr. als Hindu in Indien geboren. Sein Vater war Fürst im nepalesischen Vorland des Himalaja. Prinz Siddharta entstammte der Kriegerkaste und wuchs in Reichtum und Luxus auf. Historisch gesichert ist, dass Siddharta verheiratet war und einen Sohn hatte.*

Die vier Ausfahrten

Christa Gautschi, Siddharta

Ein glücklicher Mensch war Prinz Siddharta. Nichts Böses war ihm je in seinem Leben begegnet. Alle Wünsche wurden dem Prinzen erfüllt.

Da begehrte der Prinz auszufahren aus den Palästen. Schnell ordnete der König an, die Straßen zu säubern, zu schmücken und alles Hässliche zu entfernen. Doch die Götter wollten, dass der Prinz zur Einsicht der Wahrheit und Wirklichkeit komme. Daher schickten sie ihm einen Alten in den Weg. Der Prinz fragte seinen Wagenlenker, wer das sei. Dieser antwortete: »Es ist ein Greis.« Weiter fragte der Prinz: »Was ist das, ein Greis?« »Greise sind Menschen, die unter der Schwäche des Alters leiden, deren Wahrnehmungskraft gestört ist, die immer nur auf ihr Lebensende warten«. – »Und ich, werden mich einst auch solche Erscheinungen des Alters befallen?« – »Mein Prinz, obschon es einen Unterschied zwischen Hoch- und Niedriggeborenen gibt, so muss doch jeder, der geboren ist, auch altern«. Da kehrte der Prinz in den Palast zurück. Nach einiger Zeit rüstete sich der Prinz zu einer zweiten Ausfahrt. Jetzt schickten ihm die Götter einen Kranken in den Weg. Der Prinz fragte seinen Wagenlenker, wer das sei. »Es ist ein Kranker.« – »Was ist das, ein Kranker?« – »Ein Kranker ist ein leidender, verzagter Mensch, dessen Lebenswille nachlässt.« – »Gilt dies nur für diesen Menschen oder für alle?« – »Alle Wesen unter dem Himmel müssen unweigerlich diesen Weg gehen.«

Zu einer dritten Ausfahrt machte sich der Prinz auf. Diesmal sah er einen Toten am Wegesrand liegen. Wieder fragte er, was das sei. »Das ist ein Toter. Sein Leben ist abgelaufen.« – »Und ich, werde ich auch sterben?« – »Kein Mensch auf dieser Welt entgeht dem Tode.«

Ein viertes Mal musste Prinz Siddharta ausfahren, um reif zu werden für den Weg, der ihn zur Erleuchtung führen sollte. Jetzt begegnete er einem Asketen. Wieder fragte der Prinz seinen Wagenlenker, wer das sei. »Es ist einer, der die Heimatlosigkeit gewählt hat, ein Asket.« Da fragte der Prinz den Asketen: »Zu welchem Nutzen habt ihr eure Familie verlassen?« – »Ich hatte erkannt, dass das Leben ohne Bestand ist, dass Alter, Krankheit und Tod aufeinander folgen. Alles ist der Vergänglichkeit unterworfen. Voll Eifer suchte ich daher nach einem Weg, um der Bitternis zu entgehen. Ich wurde Herr meiner Sinne und erlangte das Gleichmaß des Herzens. Anteilnahme an allen Wesen erfüllt mich. Weltliches Treiben erreicht mich nicht mehr. Ich erlangte Befreiung für immer. Das ist es, was man den Weg des Asketen nennt.«

Das Symbol des acht-fachen Pfades

Buddha – ein Hindu nimmt Reißaus

Als eine Folge der vier Ausfahrten beschloss Gautama, dem Vorbild des Asketen zu folgen. Mitten in der Nacht verließ er den Palast. Frau und Kind ließ er zurück. Er ließ sich das Haupthaar scheren und legte den gelben Umhang eines Bettelmönches an. Eine Schale, in die mildtätige Menschen karge Nahrungsmittel legten, um sich selbst Verdienst zu erwerben, war sein einziger Besitz.

Der ehemalige Prinz Gautama war 29 Jahre alt, als er diesen Schritt in totale Armut und Verzicht tat, um dadurch zum inneren Frieden zu finden. Gemeinsam mit fünf Yogis[1] ließ er sich schließlich in einem Wald bei der Stadt Uruwela nieder. Sein Ziel war die Erlösung, die »zur Abkehr, zur Leidenschaftslosigkeit, zum Aufhören, zur Beruhigung, zu Erkenntnis, zum Erwachen, zum Verlöschen (Nirvana)…« führen sollte. Nach sechs Jahren war er dem Hungertod nahe, aber nicht der Erlösung. Da versuchte Siddharta einen anderen Weg… Kurz vor dem Verhungern brach er zum Entsetzen seiner Yogis das Fasten. Empört und verstört verließen sie ihn. Sie bezichtigten ihn der Schwelgerei und des Überflusses, weil er wieder ausreichend Nahrung zu sich nahm. Körperlich gekräftigt erreichte Gautama dann in einer Vollmondnacht im Lotos-Sitz unter dem Bodhi-Baum[2] (noch heute eine vielbesuchte Wallfahrtstätte) bald die Erleuchtung: Auf dem »mittleren Weg« zwischen Genuss und Verzicht richtete er sein Denken in vier Versenkungsstufen auf seine früheren Existenzen, auf Tod und Wiedergeburt und auf die Entstehung und Aufhebung des Leidens. Und ehe die Sonne aufging stieß Siddharta zur endgültigen Wahrheit durch, die aus den vier edlen Wahrheiten besteht:

- **Es gibt kein Leben ohne Leiden.**
- **Die Ursache des Leidens ist der Lebensdurst der Menschen.**
- **Das Leiden kann geheilt und aufgehoben werden.**
- **Der Weg der Erlösung ist ein achtfacher Pfad.**

Der achtfache Pfad heißt:
rechte Erkenntnis, rechte Gesinnung, rechte Rede, rechte Tat, rechter Lebenserwerb, rechte Anstrengung, rechte Achtsamkeit, rechte Sammlung.

Seit diesem Erlebnis ist Gautama Siddharta ein Buddha, ein Erleuchteter. Askese war nun nicht mehr die Voraussetzung, um zur Erleuchtung zu gelangen, sondern das Erlernen und Beachten der Erkenntnis Buddhas.

Was bedeutet der Ausdruck »mittlerer Weg«?
Kannst du Buddhas Lehre in eigene Worte fassen?
Was kannst du dir unter den einzelnen Pfaden vorstellen?
Wo kannst du Gemeinsamkeiten zwischen dem achtfachen Pfad und unseren 10 Geboten erkennen?

1 Ein Yogi ist Anhänger des Yoga, eines philosophisch-religiösen Systems, dessen Ziel die Selbstvervollkommnung ist, die Harmonie zwischen Leib, Seele und Geist.

2 Bodhi heißt Erleuchtung. Der Bodhibaum ist der Feigenbaum, unter dem Gautama seine erlösende Erleuchtung gewann.

info *Wie der Begriff »Hinduismus« steht auch »Buddhismus« für eine Vielzahl von Glaubens- und Lebensformen. Allen gemeinsam ist das Heilsziel, nicht wiedergeboren zu werden,* ***Nirvana*** *zu erreichen. Dies gelingt jenen, die den Durst nach Dasein durchschaut und überwunden haben. Damit erlischt die irdische Existenz.*

Im Buddhismus werden Fragen zum Glauben oft in Form von Lehrgesprächen erklärt. So auch in folgendem Beispiel:

Vernichtung und Glück

Der König sprach: »Herr Nagasena, ist das Nirvana Vernichtung?«
»Jawohl, o Großkönig, das Nirvana ist Vernichtung.«
»Wieso, Herr Nagasena, ist das Nirvana Vernichtung?«
»Alle törichten Durchschnittsmenschen, o Großkönig, erfreuen sich an den inneren und äußeren Sinnen und Sinnesobjekten, begrüßen sie, hängen an ihnen. Von diesem Strom werden sie hinweggetragen. Nicht werden sie befreit von Geburt, Alter, Tod, Kummer, Verzweiflung, Unglück, Trübsal und Mühsal; nicht werden sie befreit vom Leid, sage ich. Aber die die Lehre gehört haben, o Großkönig, freuen sich nicht an den inneren und äußeren Sinnen und Sinnesobjekten, begrüßen sie nicht, hängen ihnen nicht an. Desjenigen, der sich daran nicht freut, der das nicht begrüßt, der nicht daran hängt, dessen »Durst« wird vernichtet. Aus der Vernichtung des »Durstes« folgt die Vernichtung des Ergreifens; aus der Vernichtung des Ergreifens folgt die Vernichtung des Werdens; aus der Vernichtung des Werdens folgt die Vernichtung der Geburt, aus der Vernichtung der Geburt folgt, dass Alter und Tod, Kummer und Verzweiflung, Unglück, Trübsal und Mühsal vernichtet werden. So erfolgt die Vernichtung dieser ganzen Leidensmasse. Somit, o Großkönig, ist das Nirvana Vernichtung.«
»Gut, Herr Nagasena!« Und der König sprach weiter: »Herr Nagasena, erlangen wohl alle das Nirvana?«
»Nicht alle erlangen das Nirvana, o Großkönig. Doch, wer sich recht verhält, die zu erkundenden Dinge erkundet, die zu erfassenden Dinge erfasst, die aufzugebenden Dinge aufgibt, die durchzuführenden Dinge durchführt, die zu vernichtenden Dinge vernichtet, die zu verwirklichenden Dinge verwirklicht, der erlangt das Nirvana.«
»Gut, Herr Nagasena!« Und der König sprach weiter: »Herr Nagasena, derjenige, welcher das Nirvana nicht erlangt – weiß: ›Das Nirvana ist Glück‹?«
»Jawohl, o Großkönig, derjenige, welcher das Nirvana nicht erlangt, weiß: ›Das Nirvana ist Glück‹.«

Inwiefern bedeutet Nirvana Vernichtung und inwiefern Glück?
Welche Unterschiede und Gemeinsamkeiten gibt es zwischen der buddhistischen Vorstellung vom Nirvana und unserer christlichen vom Leben nach dem Tod?

Rechte Seite: Der Elefant – Symbol für den menschlichen Geist – steigt den Weg der Erleuchtung hinauf. Treibstock und Halfter stellen Aufmerksamkeit und Einsicht dar. Warum verändert der Elefant auf dem Weg allmählich seine Farbe?

Wandbild aus einem tibetischen Kloster

Buddhismus heute

info

*Im Buddhismus gibt es keine Taufe. Jeder Mensch kann sich durch das dreimalige Aussprechen der **Zufluchtsfomel** zum Buddhismus bekennen: »Ich nehme meine Zuflucht zum Buddha. Ich nehme meine Zuflucht zur Lehre. Ich nehme meine Zuflucht zur Mönchsgemeinde.« Dieses Bekenntnis kann für das ganze Leben oder nur für einen Tag gelten.*

Ausbreitung

Nach dem Tod des Buddha im 6. oder 5. Jahrhundert vor Christus bildeten sich unterschiedliche Schulen und Strömungen, die sich zunächst zum Teil heftig bekämpften, heute aber nebeneinander bestehen. Im 3. Jahrhundert vor Christus wurde der Buddhismus unter König Ashoka in Indien Staatsreligion, später aber weitgehend vom Hinduismus verdrängt. Von den im Jahr 2001 weltweit geschätzten 362 Millionen Buddhisten lebt der größte Teil in Südost-, Ost- und Zentralasien und in Ostsibirien. Eine Sonderform ist der Lamaismus, der in Tibet, Bhutan, Nepal, Nordostindien und Russland verbreitet ist.

Dalai Lama

Seit dem 16. Jahrhundert ist der Dalai Lama religiöses und politisches Oberhaupt Tibets. Der gegenwärtige Dalai Lama wurde 1935 geboren und gilt seit 1940 als vierzehnte Verkörperung des erleuchteten Wesens der Gnade und Barmherzigkeit. 1959 floh er nach der Besetzung Tibets durch die Chinesen nach Indien und lebt dort in Dharamsala. Er leitet die tibetische Exilregierung, die jedoch von keinem Staat offiziell anerkannt ist. Über Verhandlungen mit der chinesischen Regierung versucht er die Unabhängigkeit Tibets zu erlangen. Darüber hinaus tritt er für Toleranz zwischen Weltreligionen und Völkern ein. Dafür erhielt er 1989 den Friedensnobelpreis. »Die Liebe und das Mitgefühl sind Grundlagen für den Weltfrieden – auf allen Ebenen«, sagt der Dalai Lama, und er nimmt die Chinesen nicht aus. »Auch sie sind Menschen auf der Suche nach dem Glück, die unser Mitgefühl verdienen.«

Dalai Lama

Ist die Aussage des Dalai Lama typisch buddhistisch oder entspricht sie auch christlichem Gedankengut? Wenn ja, inwiefern?

Buddha als Gott

»Ich habe euch nie gelehrt, dass es Gott gibt, ich habe euch aber auch nie gelehrt, dass es Gott nicht gibt. Ich habe euch den Edlen Achtgliedrigen Pfad gelehrt, geht diesen!«

BUDDHA

Buddha spricht zwar gelegentlich von indischen Göttern. Sie sind bei ihm aber Bestandteile der damaligen Welt wie Berge und Bäume, Blumen und Tiere. Von einem einzigen Gott, dem Schöpfer und Erhalter unserer Welt und des Lebens, wie dies Juden und Christen annehmen, ist beim Buddha nie die Rede. Während der Tagung des Parlaments der Weltreligionen meldeten sich führende Buddhisten zu Wort, um auf ein Problem im Umgang mit dem Begriff »Gott« aufmerksam zu machen:

»Gott« im Buddhismus

Mit großem Erstaunen sahen wir, wie Führer aus verschiedenen religiösen Traditionen alle Religionen als Religionen Gottes bezeichnen und den Buddha ahnungslos mit Gott gleichsetzen. … Wir möchten es allen bekannt machen, dass Buddha Gautama (…), der Begründer des Buddhismus, nicht Gott oder ein Gott war. Er war ein menschliches Wesen, das volle Erleuchtung erlangte durch Meditation und das uns den Weg zu geistigem Erwachen und Freiheit zeigte. Deshalb: Der Buddhismus ist nicht eine Religion Gottes. Der Buddhismus ist eine Religion der Weisheit, der Erleuchtung und des Mitleids. Wie die Gottgläubigen, die glauben, dass das Heil möglich ist für alle durch Bekenntnis der Sünden und ein Leben des Gebetes, so glauben wir Buddhisten, dass Heil und Erleuchtung für alle möglich ist durch Entfernung von Befleckung und Täuschung sowie ein Leben der Meditation. Aber – anders als diejenigen, die an einen Gott glauben, der getrennt ist von uns – glauben wir Buddhisten, dass Buddha, der erwacht und erleuchtet ist, uns allen einwohnt als Buddhanatur oder Buddhageist …

Buddhastatue

Wenn Buddhisten keinen Gott haben, der sie erlöst, wie glauben sie dann, erlöst werden zu können?

Yoga

__Yoga__ ist ein Wort aus dem Sanskrit und bezeichnet eine in der indischen Kultur verwurzelte Lehre und eine darauf beruhende Methode zur Vervollkommnung des Menschen.

In den Veden und den Upanischaden findet sich ein festes Regelwerk, das als Ziel die Erreichung der Selbstvervollkommnung von Leib, Seele und Geist hat. Auf dem Weg dahin hat der »Yogi« verschiedene Stufen des »Yoga« zu durchlaufen: Zügelung der körperlichen Begierde, Beachtung von Reinheitsvorschriften, Erlernen bestimmter Körperhaltungen, Beherrschung des Atems, Verinnerlichung, Konzentration, Meditation und Versenkung.
Im Verlauf der Geschichte entstanden verschiedene »Yogaschulen«, die einzelne dieser Stufen hervorhoben.

Yogaübungen

In Europa verstehen wir unter »Yoga« vor allem bestimmte Körperhaltungen verbunden mit einer konzentrierten Beherrschung des Atmens. Ein Beispiel dafür ist das »Sonnengebet«.

__1.__ Ausatmen, dabei Hände vor dem Brustkorb zusammengeben.

__2.__ Ausatmen, Arme senken. Einatmen, dabei Arme heben, Schulterblätter zusammen geben. Gesäß anspannen.

__3.__ Ausatmen, dabei Knie beugen, Oberkörper nach vorne beugen, Hände neben die Füße.

__4.__ Einatmen, dabei rechtes Bein nach hinten geben.

__5.__ Atem anhalten, dabei beide Beine nach hinten geben.

__6.__ Ausatmen, Knie, Brust und Stirn auf den Boden geben.

__7.__ Einatmen, dabei Brustkorb und Kopf heben, Gesäß anspannen.

__8.__ Ausatmen, dabei Becken heben, Fersen in den Boden drücken.

__9.__ Einatmen, dabei rechten Fuß nach vorne geben zwischen die Hände.

__10.__ Ausatmen, beide Beine gebeugt nach vorne geben.

__11.__ Einatmen, dabei mit gebeugten Knien und geradem Rücken aufrichten.

__12.__ Ausatmen, Arme senken.

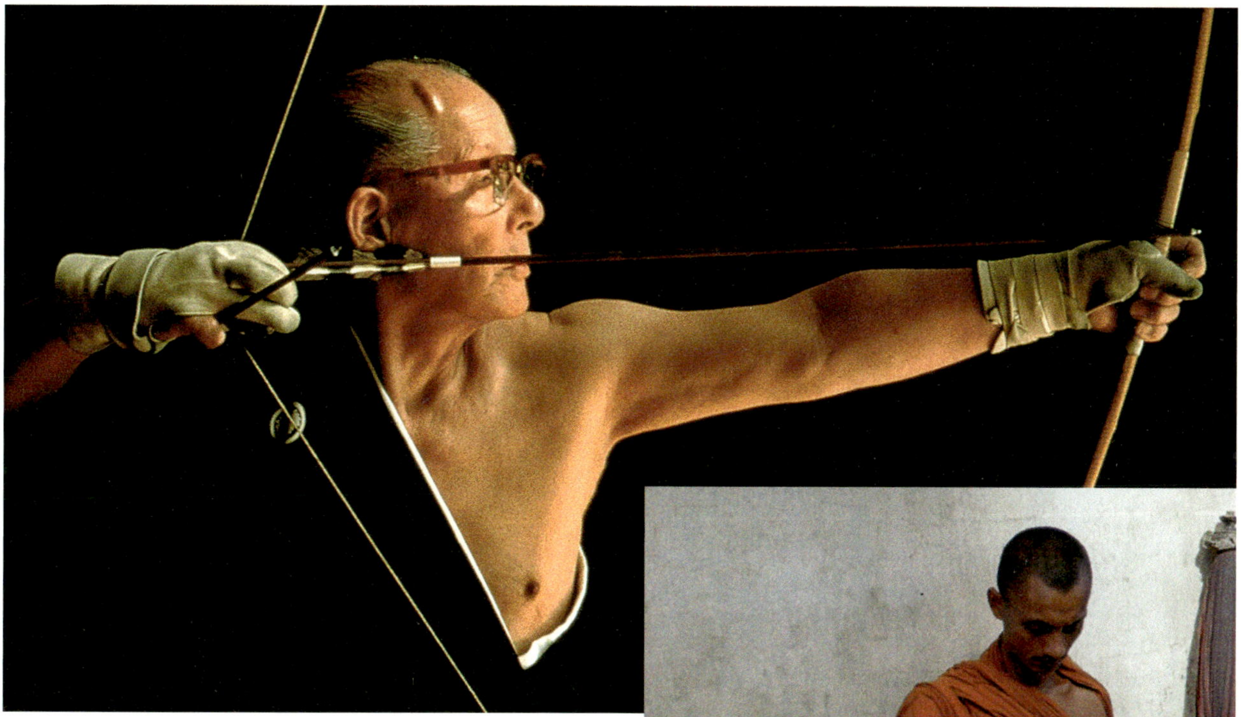

Bogenschießen – Sammlung und Konzentration

Bogenschießen – hier kein Sport, keine militärische Übung, auch kein bloßes Vergnügen. Es dient keinem nützlichen Zweck. Wozu betreibt man es dann? Zur Schulung des Geistes, um ein klares, helles Bewusstsein zu erreichen. Es gilt, sich zu prüfen, seinen Körper, seine Gefühle, seinen Geist zu beruhigen, auf alles zu achten, was man tut, sagt, denkt. Es soll der Schütze, die Schützin sich ganz und gar der Sache hingeben und sich selber vergessen lernen. Absichtslos verweilen, bis – »es« – schießt. Sammlung, höchste Anspannung, innere Ruhe, konzentrierte Geistesgegenwart sind die Ziele dieser Übung. Wer hat die Kunst der Zurücknahme des Ich, des Sich-Selbst-Vergessens zuerst gelehrt? Kein Psychologe unserer Zeit, sondern vor zweieinhalbtausend Jahren – Buddha. Er hat die »Kunst des achtsamen Lebens« gelehrt, für die das Bogenschießen das Symbol geworden ist. Für Buddha sind rechte Anstrengung und rechte Achtsamkeit (sati) die Voraussetzungen für jene meditative Sammlung (samadhi), die zur vollkommenen Erleuchtung (bodhi) führt.

Meditation – Sich versenken

Durch Meditation kann man lernen, sein Denken sehr intensiv auf einen einzigen Gedanken, ein Bild oder einen bestimmten Klang zu richten. Dabei werden alle störenden Einflüsse vom Meditierenden kaum noch wahrgenommen. Meditation führt sehr tief in die persönliche Gedanken- und Erinnerungswelt, sie öffnet die Tür zum Unbewussten und Unterbewussten und macht es erlebbar. Dabei empfindet man in der Regel keine »sensationellen« Gefühle. Aber man findet im Laufe der Zeit zur inneren Ruhe, zur Ausgeglichenheit und zu einer Gelassenheit, die Hektik und Lärm vermindert.

Bei welchen Tätigkeiten kannst du alles um dich herum vergessen?
Welche Gemeinsamkeiten und Unterschiede mit dem christlichen Gebet kannst du erkennen?

Sangha – die buddhistische Gemeinde

info

Sangha *(Versammlung, Schar, Gemeinschaft) bezeichnet die religiöse Gemeinschaft von Mönchen. Sie geloben, ihr Leben nach den Lehren Buddhas zu führen, dem weltlichen Leben weitestgehend zu entsagen und ihre Bedürfnisse durch die Freigiebigkeit der Laien zu stillen. Durch die Bereitschaft, die zum Leben notwendigen Güter herzustellen und die Ordensmitglieder damit zu versorgen, wird die Laienschaft in Sangha mit einbezogen.*

Interview mit Songsten, einem vierzehn Jahre alten Mönch in einem buddhistischen Kloster

Songsten, du bist ein buddhistischer Mönch. Warum wird man eigentlich Mönch?

Bei uns ist es für jeden Mann eine große Ehre, wenigstens einen Teil des Lebens als Mönch verbracht zu haben. Wir zeigen damit, dass wir bereit sind, uns von der Bindung an Besitz, an Ansehen und auch an die Familie zu lösen. Alle Bindungen an die Welt lenken uns von unserem eigentlichen Ziel ab.

Hast du dann überhaupt noch Verbindung zu anderen Menschen?

Natürlich. Ein Mönch hat auch Aufgaben für die Gemeinschaft zu erfüllen. Wir stehen den Menschen bei Fragen und Problemen hilfreich zur Seite. Wir unterweisen sie in Glaubensfragen und führen zum Beispiel auch Haussegnungen durch.

Du verzichtest auf Besitz. Hast du denn überhaupt irgendwelches Eigentum?

Der Besitz eines Mönchs besteht nur aus wenigen Bedarfsgegenständen: Dazu gehören das Mönchsgewand und die Almosenschale, mit der jeder Mönch sein tägliches Essen erbettelt, ein Rasiermesser zum Scheren der Haare. Das ist ein Zeichen dafür, dass wir der Welt entsagen wollen. Dazu gehören auch ein Schirm zum Schutz gegen Sonne und Regen und ein Tuch zum Filtern des Wassers.

Viele buddhistische Mönche sieht man in orangefarbenen Gewändern. Könntest du uns dazu etwas sagen?

Die Kleider sind in den billigsten Farben rot, orange, braun oder gelb gefärbt. Meistens werden sie uns von Laien geschenkt. Schuhe werden nicht getragen.

Sag uns doch bitte etwas über deinen Tagesablauf.

Das tägliche Leben des Mönchs ist genau geregelt. Der Tag beginnt mit Meditationsübungen. Dann nimmt der Mönch seine Bettelschale und verlässt das Kloster. Er zieht von Haus zu Haus, ohne darauf zu achten, wer dort wohnt, und bittet um Speisen. Kurz vor Mittag kommen die Mönche ins Kloster zurück. Jeder nimmt die Mahlzeit allein zu sich. Danach gibt es Unterricht für die Schüler. Das Studium der Lehre und Meditationsübungen schließen sich an. Bei Sonnenuntergang kommen oft die Leute aus der Umgebung, die Kontakt zu den Mönchen suchen.

Gibt es auch so etwas wie Ordensregeln?

Nach dem Eintritt in den Orden darf der Mönch nicht mehr gegen folgende vier große Verbote verstoßen: Ausübung des Geschlechtsverkehrs, Aneignung von Dingen, die einem anderen gehören, Tötung von Lebewesen, Anmaßung geistlicher Vollkommenheit. Zusätzlich ist das Ordensleben durch weitere 227 Gebote geregelt.

Kann jeder Mönch werden?

Der Eintritt in den Orden steht grundsätzlich allen Männern offen, die nicht behindert, schwer krank oder vorbestraft sind. Außerdem ist die ausdrückliche Zustimmung der Eltern, beziehungsweise bei Verheirateten die der Ehefrau nötig.

Und wie ist es mit Frauen?

Grundsätzlich erachtet es der Buddhismus für möglich, dass auch Frauen die Erleuch-

Info

Im Buddhismus wird das Jahr genau wie in allen anderen Religionen durch ***Feste*** *und Feiertage strukturiert. Die wichtigsten Feste beziehen sich auf Geburt, Erleuchtung und Sterben Buddhas.* ***Mönche*** *spielen auch bei diesen Festen eine wesentliche Rolle. Sie rezitieren heilige Texte, halten Ansprachen und Belehrungen über das Dharma sowie über das jeweilige Fest. Für erbrachte Spenden bedanken sie sich, indem sie Wasser über die Anwesenden sprengen.*

tung erlangen können. Viele heilige Schriften behaupten jedoch, dies sei nur dann erreichbar, wenn die Frau vorher als Mann wiedergeboren wird. Somit wird auch verständlich, warum sich der Buddhismus seit jeher mit der Zulassung von Frauen als Nonnen schwer getan hat. Dennoch gewährt er den Frauen Eintritt in den Orden.

Ist die Zugehörigkeit zu einem Orden eine Entscheidung für das ganze Leben?

Nein. Ein Austritt aus dem Orden kann jederzeit erfolgen. Diese Entscheidung wird vom Orden völlig akzeptiert und hat für den Betreffenden keinerlei Folgen.

Wie ist es mit den Laien? Sind sie vom Weg der Erlösung ausgeschlossen?

Nein, wie der Mönch, so sollen auch alle anderen versuchen, dem Leiden zu entrinnen. Doch können sie nicht ihre ganze Kraft diesem Ziel widmen. Die Fürsorge für die Angehörigen nimmt den wichtigsten Platz innerhalb der Pflichten des Laienanhängers ein. Im beruflichen Leben soll jegliche Karrieresucht und alles Konsumdenken gemieden werden. Der Laie soll in der Welt wirken, aber nicht in ihr aufgehen. Er soll auf das Wohl aller bedacht und zum Geben und Verschenken geneigt sein. Es gibt fünf ethische Verhaltensregeln, denen sich auch die Laien verpflichtet fühlen. »Ich gelobe abzusehen vom Töten, vom Nehmen dessen, was nicht gegeben, vom unrechten Wandel in Sinneslüsten, vom Lügen und vom Genuss berauschender Getränke.«

Wie verläuft der Tag eines Mönches?
An welche Regeln muss sich ein Mönch halten?
Welche Voraussetzungen und Aufgaben müsste ein Bewerber für das Leben im Kloster erfüllen?
Kannst du die Verhaltensregeln für buddhistische Laien in unsere Alltagssprache übertragen?
Wie leben im Vergleich dazu christliche Nonnen und Mönche?

Aufeinander zugehen: Das Projekt Weltethos

info *Der Theologe Hans Küng trat 1990 mit einer Idee in die Öffentlichkeit, die er »Projekt Weltethos« nannte.* ***Ethos*** *kommt aus dem Griechischen und bedeutet so viel wie »sittliche Lebensgrundsätze«*

Interview des Jugendmagazins »Provo« mit Hans Küng nach dem terroristischen Anschlag auf das World Trade Center in New York am 11. September 2001.

Provo Ihr großes Motto lautet: Der Frieden in der Welt ist nur dann möglich, wenn die Religionen Frieden untereinander schließen. Ist nach diesem terroristischen Attentat dieser religiöse Weltfriede noch realistisch?

Küng Man hätte sich wohl keine eindrücklichere und zugleich grausamere Bestätigung ausdenken können als diese furchtbare Katastrophe in einem Amerika, das sich weithin als unbesiegbar und unverwundbar ansah. Aber wie soll es den Frieden unter den Nationen geben, wenn es keinen Frieden unter den Religionen gibt? Und wie soll es denn einen Frieden unter den Religionen geben, wenn es nicht einen Dialog zwischen den Religionen gibt? Gerade hier sind ja die Alternativen zum Dialog deutlich geworden: Wenn man nicht miteinander sprechen will, dann schießt man, wirft man Bomben, zerstört unter Umständen das Leben von Tausenden unschuldiger Menschen. (...)

Provo Was können wir als junge Menschen tun nach diesem Attentat, um die religiösen Gräben zu überwinden, die Angst vor der Zukunft zu verlieren und wieder mehr Vertrauen in unser Leben zu gewinnen?

Küng Religiöse Gräben kann man nur überwinden, wenn man wenigstens eine elementare Kenntnis der anderen Religionen und der Religiosität ihrer Anhänger hat. (...) Darüber hinaus müsste man vor allem den lebendigen Kontakt mit den Menschen anderer Religionen suchen. (...) Wir sollten uns bewusst werden, dass alle großen Religionen dieselben elementaren ethischen Prinzipien haben, Basis für ein gemeinsames Menschheitsethos, ein Weltethos. Schon die Beachtung der (...) **Goldenen Regel** würde uns in der großen Politik wie im Alltag voranhelfen. (...)

Welches sind nach Meinung von Hans Küng die wichtigsten Voraussetzungen für Frieden auf der Welt?

Die Goldene Regel

info *In allen Religionen gibt es eine **Goldene Regel**, die das Zusammenleben aller Menschen auf der ganzen Welt regelt.*

Chinesische Religion
»Was du nicht selbst wünschst, das tue auch nicht anderen Menschen an.«
Konfuzius, Gespräche 15,23

Hinduismus
»Man sollte sich gegenüber anderen nicht in einer Weise benehmen, die für einen selbst unangenehm ist; das ist das Wesen der Moral.«
Mahhabharata XIII. 114.8

Judentum
»Tue nicht anderen, was du nicht willst, dass sie dir tun.«
Rabbi Hillel, Sabbat 31a

Christentum
»Alles was ihr wollt, dass euch die Menschen tun, das tut auch ihr ihnen ebenso.«
Mt 7,12; Lk 6,13

Islam
»Keiner von euch ist ein Gläubiger, solange er nicht seinem Bruder wünscht, was er sich selber wünscht.«
Hadithe von an-Nawawi 13

Buddhismus
»Ein Zustand, der nicht angenehm oder erfreulich für mich ist, soll es auch nicht für ihn sein; und ein Zustand, der nicht angenehm oder erfreulich für mich ist, wie kann ich ihn einem anderen zumuten?«
Samyutta Nikaya V, 353.35–354.2

Welche Formulierung sagt dir am ehesten zu? Warum?
Welche praktischen Folgen ergeben sich daraus für das Zusammenleben in Schule und Familie?
Kannst du die einzelnen Symbole rechts oben den jeweiligen Religionen zuordnen?

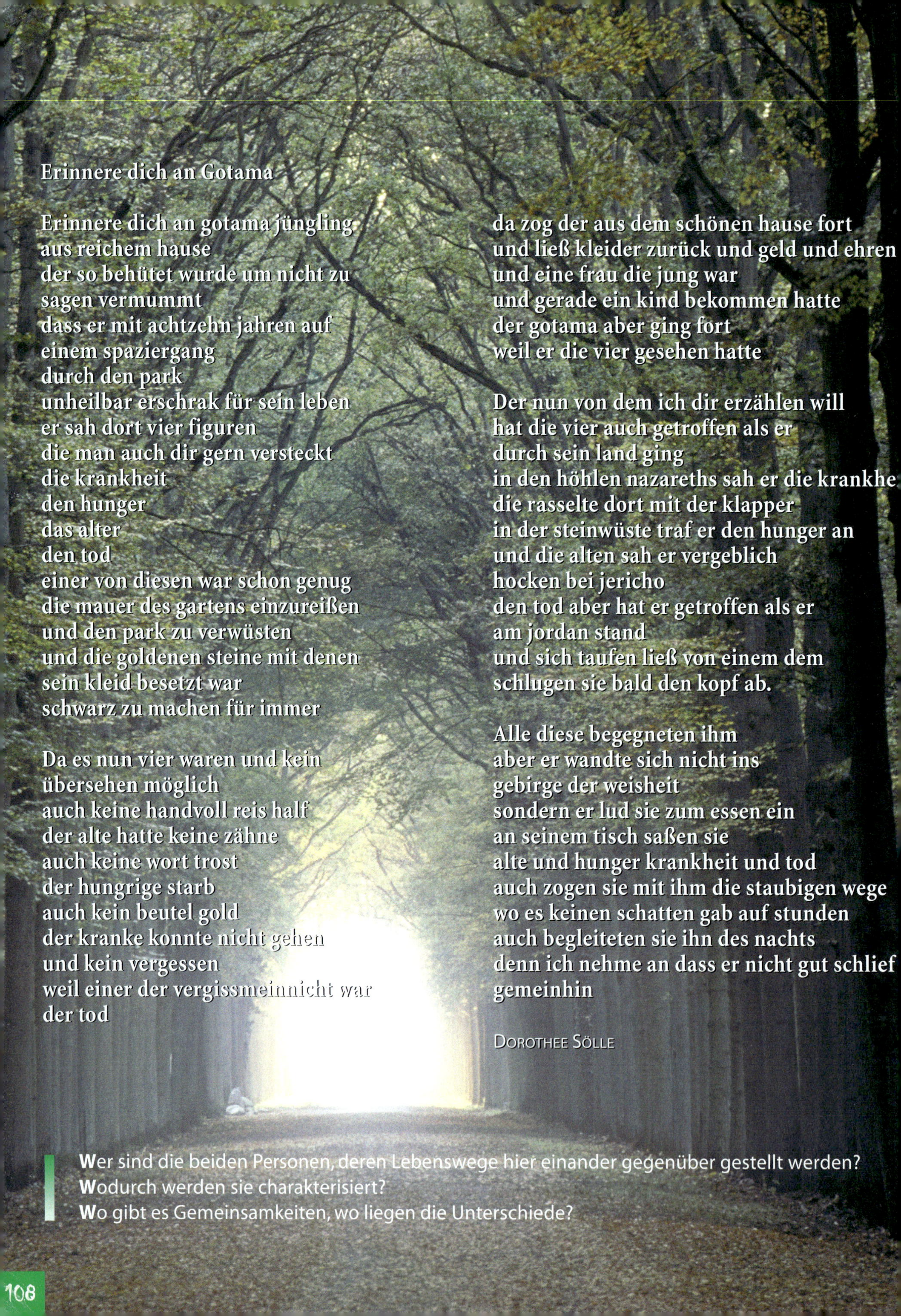

Erinnere dich an Gotama

Erinnere dich an gotama jüngling
aus reichem hause
der so behütet wurde um nicht zu
sagen vermummt
dass er mit achtzehn jahren auf
einem spaziergang
durch den park
unheilbar erschrak für sein leben
er sah dort vier figuren
die man auch dir gern versteckt
die krankheit
den hunger
das alter
den tod
einer von diesen war schon genug
die mauer des gartens einzureißen
und den park zu verwüsten
und die goldenen steine mit denen
sein kleid besetzt war
schwarz zu machen für immer

Da es nun vier waren und kein
übersehen möglich
auch keine handvoll reis half
der alte hatte keine zähne
auch keine wort trost
der hungrige starb
auch kein beutel gold
der kranke konnte nicht gehen
und kein vergessen
weil einer der vergissmeinnicht war
der tod

da zog der aus dem schönen hause fort
und ließ kleider zurück und geld und ehren
und eine frau die jung war
und gerade ein kind bekommen hatte
der gotama aber ging fort
weil er die vier gesehen hatte

Der nun von dem ich dir erzählen will
hat die vier auch getroffen als er
durch sein land ging
in den höhlen nazareths sah er die krankhe
die rasselte dort mit der klapper
in der steinwüste traf er den hunger an
und die alten sah er vergeblich
hocken bei jericho
den tod aber hat er getroffen als er
am jordan stand
und sich taufen ließ von einem dem
schlugen sie bald den kopf ab.

Alle diese begegneten ihm
aber er wandte sich nicht ins
gebirge der weisheit
sondern er lud sie zum essen ein
an seinem tisch saßen sie
alte und hunger krankheit und tod
auch zogen sie mit ihm die staubigen wege
wo es keinen schatten gab auf stunden
auch begleiteten sie ihn des nachts
denn ich nehme an dass er nicht gut schlief
gemeinhin

Dorothee Sölle

Wer sind die beiden Personen, deren Lebenswege hier einander gegenüber gestellt werden?
Wodurch werden sie charakterisiert?
Wo gibt es Gemeinsamkeiten, wo liegen die Unterschiede?

Wenn du dieses Kapitel im Unterricht und zu Hause bearbeitet hast,

weißt du
über Geschichte und Ausbreitung des Hinduismus Bescheid.

Du kennst
- **die Grundordnung des Hinduismus**
- **den Unterschied zwischen dem Göttlichen und den Göttern und kannst über einzelne Götter berichten.**

Du bist informiert
über das indische Kastenwesen und seine gesellschaftlichen Auswirkungen.

Du weißt
über Mahatma Gandhi und seine Theorie des gewaltlosen Widerstands Bescheid.

Du kannst erklären,
- **wie der Buddhismus entstanden ist**
- **wer der Religionsstifter ist und**
- **welche Erkenntnisse dem Buddhismus zugrunde liegen.**

Du bist informiert
über die heutige Ausbreitung des Buddhismus.

Du kennst
die Bedeutung und den Zweck der Meditation.

Du weißt,
was das Projekt Weltethos ist und kennst die Formulierungen der »goldenen Regel« in den verschiedenen Religionen.

wissen

kennen

können

informiert sein

erklären

begründen

überprüfen

beurteilen

Anderen Menschen begegnen: Bereicherung durch Verschiedenheit

Dein Christus ist Jude
Dein Auto ist Japaner
Deine Pizza italienisch
Deine Demokratie griechisch
Dein Kaffee brasilianisch
Dein Urlaub türkisch
Deine Zahlen arabisch
Deine Schrift lateinisch
Und dein Nachbar
nur ein Ausländer

Verallgemeinerungen: Klischees und Vorurteile

info *Auf der ganzen Welt leben ca. 6,5 Mrd. Menschen in 193 Staaten. Sie haben unterschiedliche Kulturen, Religionen, Sitten und Gebräuche, die andere an ihnen besonders schätzen oder auch heftig kritisieren.*

Typisch Ausländer?

- **K**ennst du weitere Vorurteile?

info *Ein **Vorurteil** ist eine kritiklose, ohne persönliche Urteilsbildung oder Erfahrung übernommene Meinung, die einer sachlichen Argumentation nicht standhalten kann. Das Wort **Klischee** kommt aus dem Französischen und wird umgangssprachlich so wie »Vorurteil« gebraucht.*

Die Kaninchen, die an allem schuld waren

Es war einmal – selbst die jüngsten Kinder erinnern sich noch daran – eine Kaninchenfamilie, die unweit von einem Rudel Wölfe lebte. Die Wölfe erklärten immer wieder, dass ihnen die Lebensweise der Kaninchen ganz und gar nicht gefalle. (Von ihrer eigenen Lebensweise waren die Wölfe begeistert, denn das war die einzig richtige.)

Eines Nachts fanden mehrere Wölfe bei einem Erdbeben den Tod und die Schuld daran wurde den Kaninchen zugeschoben, die ja, wie jedermann weiß, mit ihren Hinterbeinen auf den Erdboden hämmern und dadurch Erdbeben verursachen.

In einer anderen Nacht wurde einer der Wölfe vom Blitz erschlagen und schuld daran waren wieder die Kaninchen, die ja, wie jedermann weiß, Salatfresser sind und dadurch Blitze verursachen. Die Wölfe drohten, die Kaninchen zu zivilisieren, wenn sie sich nicht besser benähmen, und die Kaninchen beschlossen, auf eine einsame Insel zu flüchten.

Die anderen Tiere aber, die weit entfernt wohnten, redeten den Kaninchen ins Gewissen.

Sie sagten: »Ihr müsst eure Tapferkeit beweisen, indem ihr bleibt, wo ihr seid. Dies ist keine Welt für Ausreißer. Wenn die Wölfe euch angreifen, werden wir euch zu Hilfe eilen – höchstwahrscheinlich jedenfalls.«

So lebten denn die Kaninchen weiterhin in der Nachbarschaft der Wölfe. Eines Tages kam eine schreckliche Überschwemmung und viele Wölfe ertranken. Daran waren die Kaninchen schuld, die ja, wie jedermann weiß, Mohrrübenknabberer mit langen Ohren sind und dadurch Überschwemmungen verursachen. Die Wölfe fielen über die Kaninchen her – natürlich um ihnen zu helfen – und sperrten sie in eine finstere Höhle – natürlich um sie zu schützen.

Wochenlang hörte man nichts von den Kaninchen und schließlich fragten die anderen Tiere bei den Wölfen an, was mit ihren Nachbarn geschehen sei. Die Wölfe erwiderten, die Kaninchen seien gefressen worden, und da sie gefressen worden seien, handle es sich um eine rein innere Angelegenheit. Die anderen Tiere drohten jedoch, sich unter Umständen gegen die Wölfe zusammenzuschließen, wenn die Vernichtung der Kaninchen nicht irgendwie

begründet würde. Also gaben die Wölfe einen Grund an. »Sie versuchten auszureißen«, sagten die Wölfe, »und wie ihr wisst, ist dies keine Welt für Ausreißer.«

James Thurber

Diese Geschichte ist eine Fabel, in der Tiere für Menschen stehen. Welche Menschengruppen unserer Gesellschaft könnten hier gemeint sein?

info *So wie wir uns Vorurteile über Menschen, andere Nationen und Religionen bilden, haben auch andere Vorurteile über uns.*

Die Deutschen sind sehr gewissenhaft, und dieser Charakterzug macht sie sehr eigen.

MARK TWAIN

Typisch deutsch??????????

Welche Eigenschaften und Merkmale hältst du für typisch deutsch?
Welche weiteren Vorurteile könnten Ausländer gegenüber den Deutschen haben?

info

Jährlich gehen etwa 13.000 deutsche Schülerinnen und Schüler für ein Schuljahr ins Ausland. Umgekehrt kommen ausländische Jugendliche als ***Gastschülerinnen und Gastschüler*** *an deutsche Schulen.*

Hier geben einige Gastschüler/innen ihre Eindrücke wieder.

Andere über uns

Roberto (16) aus San José in Costa Rica

Deutsche Mädchen sind viel freundlicher und offener als die Mädchen in Costa Rica. Sie haben keine Angst, öffentlich mit einem Jungen gesehen zu werden. Und sie kümmern sich nicht groß darum, ob ein Mädchen »so etwas tut« oder nicht. Sie machen, was sie wollen, und kämpfen um ihre Gleichberechtigung mit den Jungen.

Rong Liu (14) aus Shanghai in China

Die Deutschen denken ja immer, sie wären hektisch. In Wirklichkeit aber leben sie sehr langsam, überlegen lange, was sie gerade tun möchten oder müssen. Sie haben viel Zeit für sich und ihre Familie.
Auch bei uns gibt es das Sprichwort »Zeit ist Geld«.
Die Chinesen leben irrsinnig schnell, versuchen in möglichst kurzer Zeit möglichst viel zu schaffen.

Natascha (13) aus Nowosibirsk in Russland

Die Deutschen sind nicht sehr spontan. Wenn ich zum Beispiel eine Freundin treffen will, kann ich nicht einfach vorbeikommen, das nennen sie dann »Überraschungsbesuch« und so was gehört sich wohl nicht. Ich muss vorher anrufen und mich ordentlich mit ihr verabreden.

Marco (15) und Tassilo (15) aus Neapel in Italien

Marco: Ich gehe sehr gerne auf Partys, aber ich muss schon sagen, die Deutschen feiern anders als die Italiener. Sie kommen als Grüppchen und gehen als Grüppchen. Ich lerne auf deutschen Partys ganz selten jemanden kennen. Würde ich alleine auf ein solches Fest kommen, würde ich auch alleine wieder gehen. Vielleicht wollen sie ja gar keine Fremden kennen lernen? Ich glaube wirklich, sie sind lieber mit denen zusammen, die sie schon kennen.
Tassilo: Auch das mit dem Tanzen ist irgendwie komisch: Es dauert sehr lange, bis mal jemand tanzt. Niemand traut sich so richtig. Alle warten, bis einer den Anfang macht. Und dann tanzen vor allem die Mädchen. Die Jungs tanzen selten bis gar nicht, weil sie wohl Angst haben, sich lächerlich zu machen und ihre Coolness zu verlieren. Deshalb wird natürlich auch nicht oft zusammen getanzt. Ja, in Deutschland tanzen die Menschen nicht miteinander, sondern eher alleine.

- Wie kommen solche Eindrücke zustande?

Ähnlich und doch so anders

info *In **Amerika** gibt es viele Sitten, Gebräuche und Feste, die unseren ähnlich sind, und doch hat sich manches dort anders entwickelt.*

Der 16-jährige David verbrachte ein Schuljahr in den USA. Seinen Freunden berichtet er in einem Brief:

Hi Bernd, hi Thomas,

erst mal möchte ich sagen, dass die Smiths, meine Gastfamilie, ein echter Glückstreffer für mich waren. Zu ihnen gehören Wayne, Laurie und Andrew, mein 15-jähriger Gastbruder. Sie sind echt sehr nett und versuchen mir meinen Austausch so leicht wie möglich zu machen. Außerdem habe ich noch zwei Gastschwestern Amy und Carrie, die allerdings nicht mehr zu Hause wohnen, sondern zum College gehen.
Der Ort Tuttle hat etwa 4.500 – 5.000 Einwohner und in meiner Schule sind ziemlich genau 400 Schüler. Da ich der einzige Austauschschüler an meiner Schule bin, kennt mich da fast jeder und wenn ich morgens in die Schule komme, muss ich fast jeden grüßen. Meine Fächer sind U.S. History, Algebra II, Government und Basketball und alles ist ziemlich einfach, wenn man es mit Deutschland vergleicht. In Algebra II kommt noch hinzu, dass ich alles schon in Deutschland hatte. Die meisten Tests sind Multiple Choice und man bekommt vor dem Test ein Übungsblatt mit genau den gleichen Fragen, so dass es wirklich kein Problem ist ein A (bei euch in Deutschland so viel wie eine 1) zu machen. Unser Footballteam war dieses Jahr sehr gut und ist bis ins State-Halbfinale gekommen. Letztes Jahr haben wir allerdings State gewonnen, sodass die meisten sehr enttäuscht waren. Der Name unserer Schulmannschaften ist übrigens Tuttle Tigers und die Schulfarben sind rot und weiß. Morgen beginnt die Basketballsaison und ich hoffe, dass ich auch spielen darf.
Jeden Sonntag gehe ich mit meiner Gastfamilie in den Gottesdienst. Es ist eine Baptistengemeinde und der Gottesdienst gefällt mir besser als in Deutschland, weil die Lieder nicht so alt sind und es einfach anders abläuft. Mit der Jugendgruppe haben wir oft Partys und viel Spaß. Zum Beispiel werden wir zu einem Eishockeyspiel gehen und wir waren auch schon Kajak fahren. Wayne ist zudem auch noch Pastor, allerdings in einem anderen Ort.
Vor ca. 2 Wochen war ja Thanksgiving, das traditionelle Truthahnessen. Alle Verwandten kamen zu Besuch und jeder brachte etwas mit. Das Essen war sehr gut und natürlich habe ich zu viel gegessen, sodass mir das Basketballtraining am nächsten Montag sehr schwer fiel. Bei den Familienfeiern kommen alle gegen 11 Uhr morgens, bleiben bis 6/7 Uhr abends und fahren dann wieder nach Hause. Nur die Großeltern aus Texas übernachten hier.
Ich glaube, ich wohne in dem einzigen Haus in Tuttle, das noch keine Weihnachtsdekoration hat. Außerdem fängt das Weihnachtsgeschäft hier schon eher an als in Deutschland. Ich glaube, man konnte an Halloween schon Kerzen und so was kaufen.
Jetzt fällt mir eigentlich nichts mehr ein, was ich euch noch berichten könnte. Bleibt mir nur noch, euch ein gesegnetes Weihnachtsfest zu wünschen.

Euer David

info

***Halloween**, aus dem Amerikanischen: »All Hallows Evening«; meint den Vorabend zum »All Hallows Day«, dem Allerheiligentag.*

Halloween – Ein Fest wird importiert

Manche Feste, manche Sitten und Gebräuche sind typisch für ein bestimmtes Land. Nicht selten überschreiten Feste und damit verbundene Bräuche aber auch die Grenzen.

»Kleine Gespenster fordern Süßigkeiten«

Am Abend des 31. Oktober, dem Vorabend des Allerheiligentages, ziehen nicht nur in Amerika, sondern auch bei uns immer mehr Kinder und Jugendliche, verkleidet als Gespenster, Vampire, Hexen oder andere Gruselgestalten mit Kürbislaternen durch die Straßen oder treffen sich zu Halloweenpartys.

Manche ziehen auch von Haus zu Haus und fordern mit dem englischen »Trick or Treat«, wörtlich übersetzt Süßigkeiten oder (Ruten-) Streich«, Gaben, meist Süßigkeiten, aber auch Geld. Diese Bräuche sind erst etwa Ende der 90-er Jahre des vergangenen Jahrhunderts aus den Vereinigten Staaten – dort wird Halloween schon seit dem 19. Jahrhundert begangen – bei uns eingeführt worden, nicht zuletzt gefördert durch kommerzielle Interessen und den Einfluss der Medien.

Der wirkliche Ursprung des Festes ist nicht klar. Ob es auf ein ursprünglich keltisches Neujahrs- und Totenfest zurückgeht, ist umstritten.

Markenzeichen von Halloween ist die »Jack O'Lantern«, meist ein ausgehöhlter Kürbis, der als Laterne dient. Das bezieht sich wohl auf die alte irische Legende von einem Hufschmied und Säufer namens Jack. Dieser verkaufte, so wird erzählt, seine Seele dem Teufel. Er zieht nun nach seinem Tod als »Untoter« mit seiner Laterne ruhelos umher und erschreckt die Leute.

Bei uns in Deutschland sind die neuen Bräuche nicht unumstritten. Manche Kritiker meinen, an Halloween werde mit dem Tod und dem Unheimlichen in unzulässiger und gefährlicher Weise gespielt. Andere sagen, Halloween sei ein harmloser Gruselspaß ohne tiefere religiöse Bedeutung und ohne ernsthafte Beziehung zu Gespenster- oder Geisterglauben.

Wird Halloween auch in deiner Umgebung begangen?
Halloween – harmloser Spaß oder gefährliche Unsitte? Was meinst du dazu?

Gegeneinander – Nebeneinander – Miteinander

info *Im Jahre 2004 lebten ca. 7,3 Millionen Ausländer in Deutschland. Das waren rund 8,8 % der Bevölkerung. In Bayern betrug der Anteil ausländischer Mitbürger 1,2 Millionen, also 9,4 %.*

In Städten mit hohem Ausländeranteil gibt es Schulen, in denen die multikulturelle Schülerschaft Konflikte untereinander hat.

Zwei aus anderen Ländern

Jeden Morgen, wenn er zur Schule kam, freute er sich darauf, seine Freunde zu sehen. Sie trafen sich an einer bestimmten Stelle der Pausenhalle, begrüßten einander mit männlichem Handschlag oder mit einem Kuss erst auf die rechte und dann auf die linke Wange. Sie sprachen miteinander in ihrer Muttersprache über die Ereignisse des vergangenen Abends. Es tat gut, die eigene Sprache zu benutzen. Im Unterricht kam er sich oft unzulänglich vor, wenn er Deutsch sprechen sollte und nicht die passenden Worte fand. Er konnte es nicht leiden, wenn er verbessert wurde. In der Gruppe ging es am Morgen laut zu. Sie waren stark.

Seit einigen Tagen konnte er sich jedoch nicht mehr ganz auf die Gespräche mit seinen Freunden konzentrieren, denn er blickte verstohlen zum Eingang und wartete darauf, dass sie hereinkam. Sie war klein und zart, etwas jünger als er und obwohl sie stets ein Kopftuch trug, wusste er, sie hatte wunderschönes, seidiges, langes dunkles Haar. Einmal hatte sie in der Aula vor ihm gesessen, und eine Locke war unter dem Kopftuch hervorgerutscht. Gern würde er ihr Haar einmal berühren. Leider kam sie nie allein. Ihr Bruder – er ging in seine Klasse – begleitete sie stets bis vor ihre Klassentür und auch in der Pause war er meist in ihrer Nähe. Dann gesellte er sich zu seinen Freunden, die sich immer an einer anderen Stelle des Pausenhofes mindestens ebenso lautstark und auffällig begrüßten.

Dass sie nie allein war, ärgerte ihn. Konnte sie nicht frei und unabhängig sein wie die russischen Mädchen? Außerdem machte es ihn wütend, wenn er daran dachte, dass dieser Bruder abfällig über Mädchen sprach, die kein Kopftuch trugen. Was bildete der sich eigentlich ein? Hier war das nun einmal anders.

Es hatte schon öfter Streit zwischen den beiden »Gangs« gegeben. Immer wieder fanden sich Anlässe, den anderen zu zeigen, dass man sich nichts gefallen ließ, und sie einmal wieder daran zu erinnern, wo es langging. Oft kam es dann zu Schlägereien. Meist warteten sie damit, bis sie sich außerhalb der Schule über den Weg liefen, denn die Lehrer verstanden ihre Konflikte nicht so richtig. Das nächste Mal, so schwor er sich, würde er gerade bei diesem Jungen so richtig zutreten. Der musste endlich einmal merken, dass es so nicht ging.

Gibt es an deiner Schule Konflikte zwischen Jugendlichen aus unterschiedlichen Ländern?
Was können die Gründe für solche Konflikte sein?
Wie kann man damit umgehen?

Seid willkommen

Seid willkommen
ihr Schwestern und Brüder der Welt,
seid willkommen.

Die Wände,
die euch hier im Land kränken,
wurden nicht von meinen Händen beschmiert.

Die Blicke,
die euch mit Verachtung treffen,
kommen nicht aus meinen Augen.

Die Sprache,
die euch täglich beschimpft,
kommt nicht aus meinem Mund.

Doch ich schäme mich
für diese Wände, diese Blicke, diese Sprache
und heiße euch herzlich willkommen!

Alfons Czeskleba

Der Autor hat eine bestimmte Vorstellung von unserem Umgang mit Fremden. Was ist deiner Ansicht nach für ein gelingendes Miteinander noch erforderlich?

Leben zwischen zwei Welten

Refrain:
Daracik, Daracik sokaklar kizlar misket yuvarlar
(Türkisches Volkslied: Enge, enge Gassen, in denen Mädchen Murmeln spielen)

Es ist Zeit – Aziza A.

Ich habe braune Augen, habe schwarzes Haar.
Und komm aus einem Land, wo der Mann über der Frau steht
und dort nicht wie hier ein ganz anderer Wind weht!
In den zwei Kulturen, in denen ich aufgewachsen bin,
ziehen meine lieben Schwestern meist den Kürzeren,
weil nicht nur die zwei Kulturen aufeinander krachen,
weil auch Väter über ihre Töchter wachen:
»Du bist die Ehre der Familie, klar, gehorsam, schweigsam,
wie deine Mutter auch mal war«.

So ein Mist, du hast Angst, kein Ast,
an dem du dich festhalten kannst, ist in Sicht …
Du überlegst: Ist es meine Pflicht,
das Leben meiner Eltern so zu leben, wie sie es bestreben?
Mit Autorität mir meinen Mund zukleben!

Ja, ja, nun ich nehme mir die Freiheit!
AZIZA-A tut, was sie für richtig hält,
auch wenn sie aus den Augen der Sippe fällt
und niemand sie zu den gehorsamen Frauen zählt!
Ist es mir egal, ich muss sagen, was ich denk, und zwar …

Frau, Mutter, Mädchen oder Kind,
egal, aus welchem Land sie kamen: Jeder Mensch,
der selbstständig denken kann, verstehst du Mann!
Sah und sehe, was geschieht: nämlich nichts, kein Unterschied!
Es ist Zeit, steht auf! Angesicht zu Angesicht,
erkennt: Wir haben das Gewicht!

Mit Hip Hop vermischt,
erwischt meine Stimme auch die Ohren derer,
die ihre dicken Finger in ihre Ohren bohren.
Nichts sehen, nichts hören wollen, wie die drei Affen,
nur mit einem Unterschied:
Sie reden, ohne zu wissen, was in uns geschieht!!!

info *In unserer Gesellschaft gibt es Menschen, die hier geboren wurden, und trotzdem nach Grundsätzen erzogen werden, die in* ***anderen Kulturen*** *gelten. Menschen aus anderen Kulturen kommen zu uns, bringen ihre Sitten und Gebräuche mit und können sich nicht mit unseren Gewohnheiten anfreunden. Beide Gruppen sind nirgendwo richtig zu Hause und bleiben irgendwie überall fremd.*

Vergleiche die beiden Frauen türkischer Herkunft, die in Deutschland leben.
Mit welchen Problemen hat jede von ihnen zu kämpfen?
Gibt es Parallelen zum Rap von Aziza A.?

In der Fremde Leben

info *Im Alten Testament wird die Geschichte einer jungen, kinderlosen Frau erzählt, die nach dem Tod ihres Mannes ihrer Schwiegermutter in deren Heimatland folgt, und dort aufgenommen wird, obwohl sie eine Fremde ist.*

Zur Zeit der Richter herrschte in Juda eine Hungersnot, deshalb zog Elimelich mit seiner Frau Noomi und seinen Söhnen Machlon und Kiljon von seiner Heimatstadt Bethlehem ins Grünland von Moab. Auch nachdem Elimelich gestorben war, blieb Noomi mit ihren beiden Söhnen in Moab und die beiden jungen Männer heirateten moabitische Frauen, obwohl die Moabiter Feinde Israels waren. Orpa und Rut lebten etwa zehn Jahre lang mit ihren Männern, dann starben auch Machlon und Kiljon und Noomi war mit ihren Schwiegertöchtern allein. Noomi beschloss nach Juda zurückzukehren und bat die beiden Frauen, bei ihren Familien zu bleiben und wieder zu heiraten. Orpa nahm unter Tränen Abschied und blieb in Moab, aber Rut folgte ihrer Schwiegermutter nach Bethlehem.

Rut – eine Fremde in Israel

Endlich! Noomi und ich sind in Bethlehem angekommen. Die Gerstenernte hat begonnen. Das Land ist wieder fruchtbar geworden, überall sind die Schnitter am Werk. Nur wir haben kein Feld. Das Grundstück von Noomi ist verpachtet worden, und uns fehlt das Geld, um es wieder zurückzukaufen. Wovon sollen wir Bäuerinnen ohne Grund und Boden leben? In Gedanken sehe ich die Schnitter vor mir. Sie binden die Ähren in Garben zusammen. Manchmal fallen Ähren zu Boden. Diese Ähren lesen die Armen auf, solche wie Noomi und ich, die sich auch kein eigenes Feld leisten können. Also – warum soll ich mich nicht bei diesen Armen einreihen und auch auf einem Feld Ähren lesen? Noomi ist mein Vorschlag recht.
In aller Frühe gehe ich auf ein Feld, um Ähren zu lesen. Es ist noch angenehm zu lesen, weil die Sonne noch nicht so hoch am Himmel steht. Aber heiß ist mir trotzdem. Zum ersten Mal in meinem Leben schneide ich nicht in vorderster Reihe, sondern lese hinten bei den Armen. Ich muss erst fragen, ob ich das überhaupt darf, ich als Ausländerin, als Frau, als Unbekannte … Werden die Schnitter meine Lage ausnutzen? Hoffentlich lassen sie mich in Ruhe … Trotz meiner Sorge fange ich an zu lesen und hebe auf, was ich auf der Erde finde. Mein großes Tuch füllt sich. Ich kann gar nicht genug bekommen. Die Freude, dass ich etwas finde, ist groß. Darüber wird es Mittag.
Boas, der Besitzer des Feldes kommt. Er will sehen, wie die Schnitter vorankommen. Ich sehe, wie er zu ihnen geht, leise mit ihnen spricht. Hat er mich gesehen? Eine fremde Frau? Sicher hat er gleich bemerkt, dass ich nicht zu Bethlehems Armen gehöre. Ob er mich vom Feld weist? Ich höre mein Herz klopfen. Dann kommt er auf mich zu.
»Schalom«, sagt er, »wenn du möchtest, kannst du immer auf meinen Feldern Ähren auflesen. Meine Knechte und ich sorgen dafür, dass dir kein Leid geschieht. Und wenn du Durst hast, dann sollen dir meine Knechte aus ihrem Krug zu trinken geben.«
Das ist ein Angebot! Ich kann es kaum fassen! Vor Freude verneige ich mich tief und wage Boas zu fragen: »Warum bist du so gütig zu mir? Womit habe ich das verdient? Ich bin für dich doch nur eine Fremde.«
»Ich habe gehört, was du für Noomi getan hast. Gott segne dich dafür. Komm, steh auf. Du hast den ganzen Morgen gearbeitet, lass es dir schmecken, iss mit uns.«
Noch ein wenig zögernd setze ich mich zu den Knechten und Mägden dieses freundlichen Herrn. Und er selbst legt mir Brot und geröstete Körner vor. Wie das schmeckt! Zum ersten Mal kann ich mich wieder so

richtig sattessen. Dann stehe ich aber schnell wieder auf, um weiter zu sammeln. Am Abend habe ich einen ganzen Sack voll Ähren zusammen. Glücklich klopfe ich das Korn aus den Ähren und bringe es Noomi.
»So viel Korn hast du gefunden?«, fragt sie erstaunt. »Wo hast du das alles her?«
»Vom Feld des Boas«, antworte ich und erzähle ihr alles.
Noomi ist froh. »Gott sei Dank, er hat uns nicht vergessen. Bleib nur immer in Boas Nähe. Er meint es gut mit uns. Er ist um ein paar Ecken mit uns verwandt.«
Und so gehe ich jeden Tag aufs Feld hinaus, bis die Gersten- und Weizenernte vorbei ist.

Regine Ziehmann

Marc Chagall, Noomi und ihre Schwiegertöchter

Mit welchen Problemen hat Rut in ihrer Heimat zu kämpfen?
Mit welchen Problemen hat sie in dem fremden Land gerechnet?
Welche Verhaltensweisen helfen Rut, sich im fremden Land durchzusetzen?
Welche Eigenschaften sind nötig, um sich in einem fremden Land eingliedern zu können?

Die ganze Geschichte kannst du im Alten Testament im Buch Rut nachlesen. Noomi gehört übrigens zu den Vorfahren König Davids, von dem du in »Mosaiksteine 5« einiges erfahren hast.

info

*Unter **Asylrecht** versteht man allgemein das Recht auf Schutz vor politisch oder religiös motivierter Verfolgung. Das allgemeine Völkerrecht gibt dem Einzelnen kein Recht, in einem Staat seiner Wahl Zuflucht zu suchen, garantiert den Staaten aber das Recht, Asyl zu gewähren.*

Das Grundgesetz der Bundesrepublik Deutschland gewährt politisch Verfolgten unter bestimmten Voraussetzungen einen auch gerichtlich durchsetzbaren Anspruch auf Asyl. In Artikel 16 a, Absatz 1 heißt es:

Politisch Verfolgte genießen Asylrecht!

Ich bin erst sechzehn

Ich wurde in Nordostafrika geboren und lebte bei meinen Eltern. Mein Vater unterstützte die Kämpfer der Befreiungsfront. Die Regierung hat das herausbekommen und ihn ins Gefängnis gesteckt. Dort haben sie ihn vor fünf Jahren erschossen – einfach so. In unserem Haus gab es seither keine Ruhe. Deshalb gingen auch meine zwei Brüder zu den Kämpfern.

Eines Tages kamen die Soldaten um 9 Uhr abends in unser Haus. Es gab damals eine Ausgangssperre, das heißt, man musste um 7 Uhr zu Hause sein. Sie nahmen meine beiden jüngeren Brüder fest – die älteren sind noch rechtzeitig abgehauen. Meine Mutter und ich, wir waren hilflos. Wir konnten nichts dagegen machen.

Das war vor fünf Jahren und wir haben nichts mehr von ihnen gehört. Seither haben wir uns nur noch gefürchtet. Schließlich sagte meine Mutter: »Du musst irgendwohin gehen, du kannst hier nicht mehr bleiben. Du bist inzwischen auch schon 14 und sie werden dich holen.« Wir hatten Angst, dass sie auch mich verhaften.

Wir hatten gute Freunde in der Hauptstadt. Sie brachten mich mit dem Flugzeug nach Italien. Von dort aus half mir ein Verwandter weiter, der schon in Deutschland war.

Es ist nicht so, dass ich aus unserem Land auswandern wollte, aber mit dem Krieg und der täglichen Angst konnte man nicht leben. Es war nicht leicht, die Freunde zu verlassen. Es gibt aber auch nicht mehr viele Jugendliche in meinem Heimatort. Viele sind weg. Einige sind im Krieg, andere sind nach Deutschland oder in andere europäische Länder geflohen. Solange es keinen Frieden gibt, kann ich nicht nach Hause zurück. Wer zurückgeht, der wird getötet.

Kannst du die Motivation des 16-Jährigen verstehen, Asyl zu beantragen? **G**ibt es eine Möglichkeit für den Jungen, in Deutschland zu bleiben? Lies dazu Artikel 16 im Grundgesetz (GG).

info

In früheren Kulturen erlangten Verfolgte Schutz durch das Betreten von heiligen Stätten. Noch der römische Kaiser Konstantin respektierte das Asylrecht in christlichen Stätten, Kirchen und Klöstern. In unserer Zeit bietet ein sogenanntes ***Kirchenasyl*** *keinen staatsrechtlichen Schutz vor Abschiebung.*

Trotzdem hören und lesen wir immer wieder von Asylsuchenden, die sich in Kirchen und Gemeinderäumen vor den staatlichen Behörden verstecken.

SCHULKLASSE HILFT ASYLBEWERBERIN

Ein Exklusivbericht aus Bayern

Weil sie sich mit ihr angefreundet hatten und ihre Geschichte kannten, konnten die Schülerinnen und Schüler der 8. Klasse der Realschule nicht verstehen, dass Fatima* abgeschoben werden sollte. Sie versteckten sie und ihre Familie in ihrem Jugendzentrum. Dass das nicht lange unentdeckt bleiben würde, war ihnen klar, aber irgendwie hatten sie gehofft, ein Raum der Kirche sei ein sicherer Platz für ihre Freunde. Gott sei Dank konnten sie den Pfarrer der Gemeinde auf ihre Seite bringen. Pfarrer Maier verstand das Anliegen der Jugendlichen und nahm im Sinne der Asylbewerber Kontakt zu den Behörden auf. Er konnte sogar einen Anwalt für den Fall gewinnen. Nun hat die Familie zumindest eine befristete Aufenthaltsgenehmigung.

*Name von der Redaktion geändert.

Kennst du andere Beispiele von Kirchengemeinden oder Schulklassen, die sich für Asylsuchende eingesetzt haben?

Anderssein

Im Land der Blaukarierten
sind alle blaukariert.
Doch wenn ein Rotgefleckter
sich mal dorthin verirrt,
dann rufen Blaukarierte:
»Der passt zu uns doch nicht!
Er soll von hier verschwinden,
der rotgefleckte Wicht!«

Im Land der Rotgefleckten
sind alle rotgefleckt.
Doch wird ein Grüngestreifter,
in diesem Land entdeckt,
dann rufen Rotgefleckte:
»Der passt zu uns doch nicht!
Er soll von hier verschwinden,
der grüngestreifte Wicht!«

Im Land der Grüngestreiften
sind alle grüngestreift.
Doch wenn ein Blaukarierter
so etwas nicht begreift,
dann rufen Grüngestreifte:
»Der passt zu uns doch nicht!
Er soll von hier verschwinden,
der blaukarierte Wicht!«

Im Land der Buntgemischten
sind alle buntgemischt.
Und wenn ein Gelbgetupfter
das bunte Land auffrischt,
dann rufen Buntgemischte:
»Willkommen hier im Land!
Hier kannst du mit uns leben,
wir reichen dir die Hand!«

KLAUS W. HOFFMANN

Was ist mit »buntgemischt« gemeint?
Kennst du Beispiele, die auf die hier geschilderte Situation zutreffen?

info *Da alle Menschen irgendwie anders sind als wir selber, kann ein friedliches Miteinander nur erreicht werden, wenn wir einander respektieren und tolerieren, ohne dabei unsere eigene Meinung zu verleugnen.* ***Toleranz*** *wird weder vererbt noch ist sie angeboren. Toleranz muss man erst lernen.*

Die fünf Schritte H-I-L-F-E können dir bei diesem Lernprozess sehr nützlich sein.

H-I-L-F-E – Auf dem Weg zum toleranten Denken

H **Hör genau hin.** Nicht alles, was andere dir erzählen, ist wahr und richtig. Viele Aussagen beruhen auf Vorurteilen. Also solltest du dir, bevor du eine Meinung übernimmst, selbst einige Fragen stellen. Diese könnten folgendermaßen aussehen: Kann ich mich auf das Urteil des Menschen, der das sagt, verlassen? Welchen Grund hat derjenige so etwas zu behaupten? Kann ich mich über die Behauptung irgendwo anders informieren? Kann ich einen Betroffenen dazu fragen?

I **Informiere dich gründlich!** Nur durch Information bekommst du hilfreiche Antworten auf deine Fragen. Dazu kannst du sowohl verschiedene Menschen nach ihren Meinungen fragen, als auch dich mit Hintergrundinformationen, z. B. in Büchern, Zeitschriften oder dem Internet, beschäftigen. Nur wer über eine Sache Bescheid weiß, kann sich eine eigene Meinung bilden.

L **Lass dir die Informationen durch den Kopf gehen.** Überdenke die Antworten, die du bekommen hast. Sagt jeder etwas anderes, oder gibt es eine Antwort, die von mehreren vertreten wird? Welchen Aussagen kann ich trauen? Auf die Antworten welcher Menschen kann ich mich verlassen? Waren Betroffene dabei oder habe ich mich nur bei Außenstehenden informiert?

F **Finde deinen eigenen Standpunkt!** Nachdem du dich ausreichend informiert hast, kannst du deine eigene Sichtweise finden. Überlege dir dabei, ob sich deine bisherige Meinung geändert hat. Hast du neue Erkenntnisse gewonnen? Weißt du jetzt Bescheid, oder ist dir immer noch etwas unklar? Wichtig ist, dass du immer bedenkst, dass Standpunkte nicht unveränderbar sind. Oft überdenkt man seine Meinung nochmals und verändert dabei seine Sichtweise.

E **Entscheide dich!** Wenn du nach gründlicher Information einen Standpunkt gefunden hast, dann steh zu deiner Meinung, auch wenn andere die Dinge anders sehen. Vertrete deine Meinung anderen gegenüber, auch wenn du dich vielleicht damit unbeliebt machst. Aber denk immer daran, auch fremde und unterschiedliche Standpunkte gelten zu lassen und diese zu überdenken. Vielleicht kannst du damit deine Sichtweise nochmals überdenken und eventuell auch verändern.

- Kannst du einen ähnlichen Leitfaden zu **TOLERANZ** erstellen?

Gebet der Vereinten Nationen

Herr, unsere Erde ist nur ein kleines Gestirn im großen Weltall.
An uns liegt es, daraus einen Planeten zu machen, dessen
Geschöpfe nicht von Kriegen gepeinigt werden, nicht von
Hunger und Furcht gequält, nicht zerrissen in sinnlose
Trennung nach Rasse, Hautfarbe oder Weltanschauung.
Gib uns den Mut und die Voraussicht, schon heute mit diesem
Werk zu beginnen, damit unsere Kinder und Kindeskinder
einst mit Stolz den Namen »Mensch« tragen.
Amen

STEPHEN VINCENT BENÉT

Wenn du dieses Kapitel im Unterricht und zu Hause bearbeitet hast,

ist dir bewusst geworden,
dass alle Menschen verschieden sind und dass diese Verschiedenheit eine Bereicherung für die Gesellschaft sein kann.

Du weißt,
was Vorurteile sind und kannst erklären, wie diese entstehen.

Du hast erkannt,
dass es im Zusammenleben von Menschen verschiedener Religionen und Kulturen zu Problemen kommen kann.

Du kennst
den Begriff Toleranz und weißt, wie man diese Haltung einüben kann.

Dir sind Gründe bekannt, die dazu führen können ,
dass Menschen ihre Heimat verlassen.

Du bist **über das Asylrecht** informiert.

Du kennst Beispiele,
wie Fremden geholfen wurde und weißt, welche Möglichkeiten du selber hast, Fremden zu helfen.

wissen

kennen

können

informiert sein

erklären

begründen

überprüfen

beurteilen

Bilder

S. 9, S. 20, S. 32, S. 38, S. 34, S. 42, S. 43, S. 44 unten, S. 49 rechts, S. 51, S. 53, S. 54, S. 71, S. 89 Shiva und Vishnu, S. 95, S. 100 unten, S. 106: © akg-images

S. 10: Foto: John Drysdale

S. 11 rechts: © Pete Leonard/zefa/Corbis

S. 11 unten: Foto: Bärbel Kappe

S. 12: Christa von Andrian, München

S. 13, S. 68, S. 74, S. 75, S. 85, S. 88, Fotos: Bertram J. Schmidt, Baierbrunn

S. 14: Jupiterimages GmbH

S. 15, S. 17 oben, S. 22, S. 128: Fotos: Ken Brown, München

S. 16: © Ralf Schultheiss/zefa/Corbis

S. 17 unten, S. 18: © Josh Westrich/zefa/Corbis

S. 19: © plainpicture/K. Krebs

S. 21, S. 25 links, S. 123: © VG Bild-Kunst, Bonn 2007

S. 23: Aus: Werner Küstenmacher, Ich liebe dich. Claudius Verlag, München 2001, S. 10, 24, 29 und 46

S. 25 rechts: Ake Gustavsson, Göteburg

S. 26, S. 27: Rechte bei Werd Verlag, Zürich

S. 28: Michael A. Keller/zefa/Corbis

S. 31: © akg-images/Electa

S. 35: © Foto: Prof. Mark Izikowitz, Wuppertal

S. 36 Prinz Siddharta: © akg-images/album

S. 36 Feldherr Konstantin, S. 48 oben, S. 89 Brahma: © akg-images/Erich Lessing

S. 36 Mädchen: Foto: Heiko Müller

S. 36 Bild eines Adligen: Tizian, Mann mit dem Handschuh, 1523

S. 36 Konstantin als Kaiser: Staatliche Münzsammlung, München

S. 36 Der Heilige Franz: Giotto di Bondone, Franziskus predigt zu den Vögeln, um 1295

S. 39, S. 46, S. 47: © NFP teleart/Fotos Rolf von der Heydt

S. 41: Foto: Ulrike Schneiders, Breitbrunn am Chiemsee

S.42/43: Lucas Cranach d. Ä.

S. 48 unten: Burghard Verlag Bad Salzungen

S. 55: Aus: Der Spiegel 51/2003, S. 82 © Spiegel Verlag, Hamburg

S. 56: Mit freundlicher Genehmigung von Getrud Hunziker-Fromm, Zürich und Verlag am Eschbach der Schwabenverlag AG, Eschbach

S. 59, S. 62, S. 67, S. 73, S. 77, S. 79: Fotos: Renate Seifert-Heckel

S. 60 links oben, links unten: © epd-bild/Norbert Neetz

S. 60 links Mitte: © Dirk Bauer/photoplexus

S. 60 oben rechts, S. 117: © Bilderbox, www.bilderbox.com

S. 60 rechts unten: © epd-bild/Wolfgang Oberlinger

S. 65: SV-Bilderdienst/Otto W.

S. 66, 72 oben: © Bibliographisches Institut & F.A. Brockhaus AG

S. 72 unten: Foto: Oberfränkischer Ansichtskartenverlag Bouillon GmbH, Bayreuth

S. 78: © epd-bild/Hanno Gutmann

S. 83, S. 97: aus: Peter Grieder, Tibet – Land zwischen Himmel und Erde. Walter Verlag, Düsseldorf

S. 84, S. 100: Ingenieurbüro für Kartographie Joachim R.H. Zwick, Gießen

S. 86: © Glogowski/laif

S. 89 Shiva, tanzend: Christoph-Peter Baumann/Christian Hackbarth-Johnson, Hinduismus. Auer Verlag, Donauwörth

S. 89 Saraswati und Ganesha: © akg-images/Jean-Louis Nou

S. 93: Foto: Otto Göpfert/Umbruch Bildarchiv, Berlin

S. 94: Foto: Gudrun Becher

S. 96: Christa Gautschi, CH-Münchenstein

S. 99 : Aus: Unterrichtsideen Religion 9/10, 2. Halbband. Calwer Verlag, Stuttgart 2002, S. 176

S. 101: © akg-images/Suzanne Held

S. 102: Fotos und Übungsanleitung: Yoga Vidya e.V. www.yoga-vidya.de

S. 103 Mitte, S. 105: Fotos: Hermann-Josef Frisch, Lohmar

S. 103 oben: © Bilderberg Archiv der Fotografen/Eberhard Grames

S. 107: © SPL/Agentur Focus

S. 108: © mauritius images/Hill Creek

S. 111: IFA-Bilderteam/Heron

S. 112: Foto: Martin Buchholz, Braunschweig

S. 113: Illustrationen von Hildegard Müller, Ginsheim

S. 114 Gartenzwerg: © SV-Bilderdienst/W. Matheisl

S. 114 Kuckucksuhr: © SV-Bilderdienst/S. Prager

S. 114 Dicke: © argus/Raupach

S. 114 Hausmann: © Olaf Döring, Düsseldorf

S. 114 Musikant: © SV-Bilderdienst/J. Bildgruber

S. 114 Haxe: © SV-Bilderdienst/S. Rumpf

S. 114 Mercedes-Stern: Foto: Volkmar Schulz/Keystone

S. 114 Ballermann: © IFA-Bilderteam/Nicos

S. 119: © SV-Bilderdienst/Teutopress

S. 120: Foto: Anna Neumann Rechte: Galler Musikverlag, Berlin

S. 121 links: © SV Bilderdienst/A. Kaiser/Caro

S. 121 rechts: © SV-Bilderdienst: 91009/KPA/Hackenberg

S. 126: © REA/laif

Texte

S. 8: Aus: Hans Kruppa, Lieder des Herzens. Droemersche Verlagsanstalt Th. Knaur Nachfolger GmbH & Co. KG, München 2005, S. 92

S. 10 oben: Aus: Luciano de Crescenzo, Bellavista und die Liebe. Übersetzt von Bruno Genzler. Knaus Verlag, München

S. 10 Mitte: aus: Ein Glück, dass es Freunde gibt. A. Korsch Verlag, Gilching 2001, S. 23

S. 11: Aus: Religion – einmal anders, 7./8. Schuljahr. Hrsg. von Karin Ardey, Waltraud Hagemann, Ursula Schweitzer, Gunther vom Stein. Schöningh Verlag, Paderborn 2000, S. 90

S. 14/15: Aus: Bas Kast, Die Liebe und wie sich Leidenschaft erklärt. S. Fischer Verlag GmbH, Frankfurt am Main 2004, S. 24–28

S. 17: Aus: Brigitte viva! 50 Jahre Gegenwart. Was macht die Liebe? Verlag Gruner + Jahr AG & Co KG, Hamburg, S. 4f

S. 18 links: © Hans Kruppa

S. 18 rechts: Aus: Ideenbörse Ethik Sekundarstufe I, Heft 8, 06/2004, S. 26. Olzog Verlag, München

S. 19 links: Aus: Siegfried Macht, große Themen – kurze Texte. Patmos Verlag, Düsseldorf 2002, S. 164

S. 20: Aus: Erich Fromm, Die Kunst des Liebens. Ullstein Verlag, Berlin 2003

S. 22: Hedwig Gafga aus: Chrismon Nr. 91/2001. Hanseatisches Druck- und Verlagshaus, Hamburg

S. 24/25: Aus: Schön bist du und verlockend. Große Paare der Bibel. Von Katharina Elliger, Marianne Grohmann, Herbert Haag, Hellen Schüngel-Straumann und Christoph Wetzel. Herder Verlag, Freiburg 2003, S. 98–104

S. 26/27: Aus: Gabriella Baumann-von Arx, Lotti La Blanche. Droemersche Verlagsanstalt Th. Knaur Nachfolger GmbH & Co. KG, München 2003, Buchrücken, S. 1, S. 119–120

S. 28: Aus: Erich Fried, Es ist was es ist. Liebesgedichte, Angstgedichte, Zorngedichte. Verlag Klaus Wagenbach, Berlin

S. 37: Gekürzt nach: Tonke Dragt, Der Brief für den König. Beltz Verlag, Weinheim 2000, S. 5–12

S. 43: Gekürzt aus: Asta Scheib, Kinder des Ungehorsams. Nymphenburger Verlag, München

S. 56: Aus: Peter Weiss, Abschied von den Eltern. Suhrkamp Verlag, Frankfurt am Main

S. 68: Verändert aus: Hans Doemig, Das Abendmahl. In: Gebaut aus lebendigen Steinen. Du und deine Gemeinde. Verlag Ernst Kaufmann, Lahr 1988, S. 25

S. 69: Gekürzt und verändert aus: Heinrich A. Mertens, Brot in deiner Hand. Geschichten für Kinder von der Bedeutung des heiligen Mahls. J. Pfeiffer Verlag, München 1982, S. 5f

S. 70: Aus: Evangelisches Gesangbuch. Ausgabe für die Evangelisch-Lutherischen Kirchen in Bayern und Thüringen. Hrsg. von der Evangelisch-Lutherischen Kirche in Bayern. Evangelischer Presseverband in Bayern e.V., München

S. 85: Nacherzählt aus: Christoph-Peter Baumann/Christian Hackbarth-Johnson, Hinduismus. Auer Verlag, Donauwörth

S. 92/93: Bama Karukku in: Claudia Wenner (Hrsg.), Die Geister Indiens. Ein Kaleidoskop. Fischer Taschenbuch Verlag, Frankfurt am Main 2006, S. 405f

S. 94: Verändert und gekürzt aus: Religion: Unterrichtsmaterialien Sekundarstufe I. Heiliges in den Religionen der Welt. Ausgabe 4/2003. Verlag Bergmoser + Höller Verlag AG, Aachen

S. 96: Nach: Mircea Eliade (Hrsg.), Geschichte der religiösen Ideen. Übersetzt und hrsg. von Günter Lanczkowski. Herder Verlag Freiburg 1981, S. 360f

S. 97: Verändert und gekürzt aus: Östliche Religionen und evangelischer Glaube. Arbeitshilfe für den evangelischen Religionsunterricht an Gymnasien. Gymnasialpädagogische Materialstelle der Evangelisch-Lutherischen Kirche in Erlangen, S. 54/55

S. 98: Verändert aus: Karl-Heinz Golzio, Der Kaufmann, der eine bessere Predigt forderte. Patmos Verlag, Düsseldorf 1995, S. 58f

S. 101: Verändert aus: Werner Trutwin, Zeichen der Hoffnung. Patmos Verlag, Düsseldorf

S. 103: Verändert aus: Hans Küng, Spurensuche. Die Weltreligionen auf dem Weg. Piper Verlag, München 1999, S. 154

S. 104/105: Verändert aus: Richard Egger, Das Mönchtum im Buddhismus. Katholisches Schulkommissariat in Bayern, Handreichungen 10, Teil 2, München 2003, S. 146

S. 106: Aus: Florian Zollmann und Hans Küng in: Provo 5/2001. Publik-Forum Jugendmagazin. Publik Forum-Verlags GmbH, Oberursel

S. 108: Aus: Dorothee Sölle, Meditationen und Gebrauchstexte. Fietkau Verlag, Berlin 1969, S. 20f

S. 113: James Thurber, 75 Fabeln für Zeitgenossen. Übersetzt von Ulla Hengst. Rowohlt, Reinbek 1967

S. 114: Aus: Mark Twain, Bummel durch Europa. Diogenes Verlag AG, Zürich 1990, S. 135

S. 115: auf: Internetseite des Goetheinstituts, www.goethe.de

S. 116: Auf: Internetseite Kompass Sprachreisen www.kompass-sprachreisen.de

S. 119: © Alfons Czeskleba (Alfons C. Fabbri), Hamburg

S. 122/123: Regine Ziehmann, Rut als Ährenleserin. Verändert aus: Unterrichtsideen Religion 5. Calwer Verlag, Stuttgart 1996, S. 85

S. 124: Gekürzt aus: Flucht nach Deutschland. Hrsg. v. H. Hamm. Herder Verlag Freiburg 1988

S. 127: Aus: Erwachsen werden. Life-Skills-Programm für Schülerinnen und Schüler der Sekundarstufe I. Lehrerhandbuch 2. Auflage, Teil 6: Es gibt Versuchungen: Entscheide dich, nach KV VI–3. © 2000 Lions Club International

Lieder

S. 19: Text: Christian Neander/Jan Plewka (c) EMI Music Publishing Germany GmbH & Co. KG, Hamburg Sony/ ATV Music Publishing (Germany) GmbH, Berlin

S. 120: Aziza A., 1997. Rechte bei Galler Musikverlag, Berlin

S. 126: Text: Klaus W. Hoffmann. (c) Aktive Musikgesellschaft mbH, Dortmund